Das Mädchen im Sternenkleid
und andere Befreiungsgeschichten im Märchen

Verena Kast

Das Mädchen im Sternenkleid

und andere Befreiungsgeschichten im Märchen

Patmos Verlag

VERLAGSGRUPPE PATMOS

PATMOS
ESCHBACH
GRÜNEWALD
THORBECKE
SCHWABEN
VER SACRUM

Die Verlagsgruppe
mit Sinn für das Leben

MIX
Papier aus verantwortungsvollen Quellen
FSC® C083411
www.fsc.org

Klimaneutral
Druckprodukt
ClimatePartner.com/14549-2003-1001

Für die Verlagsgruppe Patmos ist Nachhaltigkeit ein wichtiger Maßstab ihres Handelns. Wir achten daher auf den Einsatz umweltschonender Ressourcen und Materialien.

Bibliografische Information der Deutschen Nationalbibliothek
Die Deutsche Nationalbibliothek verzeichnet diese Publikation in der Deutschen Nationalbibliografie; detaillierte bibliografische Daten sind im Internet über http://dnb.d-nb.de abrufbar.

Neuausgabe von sieben Märcheninterpretationen aus folgenden ursprünglich im Walter Verlag erschienenen Titeln: *Familienkonflikte im Märchen. Eine psychologische Deutung; Liebe im Märchen; Vom gelingenden Leben. Märcheninterpretationen; Wege aus Angst und Symbiose. Märchen psychologisch gedeutet* – für diese Ausgabe zusammengestellt.

3. Auflage 2022

Verlagsgruppe Patmos in der Schwabenverlag AG, Ostfildern
www.patmos.de

Umschlaggestaltung: Finken & Bumiller, Stuttgart
Druck: CPI books GmbH, Leck
Hergestellt in Deutschland
ISBN 978-3-8436-0154-2

Inhalt

Vorwort

Märchen sind Geschichten, die, wenn auch uralt, immer noch zu faszinieren vermögen. In diesen Erzählungen, in denen es gelegentlich wundersam zu- und hergeht, in denen etwa das Wünschen noch hilft, werden große Schwierigkeiten überwunden, kommen Notlagen, die fast als unlösbar erscheinen, doch zu einem guten Ende.

In den Märchen sind grundlegende menschliche Probleme, die sich meistens als Entwicklungsanforderungen herausstellen, in einer Erzählung dargestellt und verarbeitet. Wenn ein typisch menschliches Problem in Form von Entwicklungsprozessen gelöst werden soll, stellen sich hier immer auch Widerstände, Schwierigkeiten, Stolpersteine entgegen, ähnlich denen, wie sie sich in jedem heutigen Menschenleben zeigen, aber auch, und das ist wesentlich wichtiger, mit den Möglichkeiten des Gelingens – trotz allem.

Folgen wir den Bildern in einem Märchen, werden wir in der Identifikation mit der Protagonistin, dem Protagonisten schwierige Situationen erleben, uns vielleicht sogar ängstigen und dann auch, wie viele Märchengestalten, »erlöst« aufatmen: Das Problem ist gelöst, wenigstens vorläufig. Im emotionalen Mitgehen mit einem Märchen nehmen wir Anteil an einem Problem und einer möglichen Lösung dieses Problems. In der Identifikation mit einer Geschichte lernen wir auch für unser eigenes Leben. Dies geschieht dann besonders deutlich, wenn wir vorstellungsbezogen der Erzählung folgen, also in unsere Imagination eintauchen. Dann berühren Märchen unsere Gefühle, die Bilder in den Märchen lösen auch innere Bilder bei uns aus, sie bewirken eine Resonanz in unserer Psyche. Diese ist zunächst emotional, bildhaft, könnte auch gemalt werden, könnte zu einer eigenen Geschichte anregen, führt dann aber auch zum Nachdenken. Welches Thema berührt dieses Märchen?

In der Ausgangssituation des Märchens ist meistens in einer symbolischen Sprache ein Problem dargestellt. Was bedeutet es zum

Beispiel, »abgeschlagene Hände« zu haben? Im Nachdenken darüber eröffnet sich ein weites Feld der möglichen Bedeutungen, das wir dann aber doch wieder auf unser eigenes gegenwärtiges Leben einengen. Natürlich werden wir die Lösungen, die im Märchen dargestellt sind, nicht eins zu eins auf unser Leben übertragen. Es sind aber Anregungen, an denen man Anteil nehmen kann. Wir Menschen haben Anteil am kulturellen Unbewussten, das sich auch in den Märchen ausdrückt. In den kulturellen Gestaltungen gibt es immer wieder Hinweise darauf, dass Menschen schon immer Probleme hatten, aber auch immer wieder einfallsreich mit diesen Problemen umgehen konnten. Vor allem ist es die Haltung des Protagonisten oder der Protagonistin, die unbewusst dazu ermutigt, die eigenen Probleme anzugehen. Märchenheldinnen und Märchenhelden tun, was in ihrer Kraft liegt, dann aber lassen sie sich helfen – und interessanterweise ist auch immer Hilfe vorhanden.

In den Märchen, die in diesem Bändchen zusammengestellt sind, geht es um Ablösung von den Eltern. Es gibt viele Märchen, in denen die zu enge Bindung an die Eltern und die notwendige Ablösung dargestellt werden, um zu einem eigenen, selbstverantworteten Leben zu finden, aber auch zu neuen Liebesbindungen. Die hier ausgewählten Märchen zeigen dann auch verschiedene Probleme auf, die aus diesen zu engen Bindungen erwachsen und die auch damit verbunden sein können, dass nichts Neues ins eigene Leben kommen darf, keine Entwicklung möglich ist. Würde man bei den Eltern bleiben, dann dürfte man nur so denken und fühlen, wie es in diesem System erlaubt ist, und das schafft gewisse Probleme, dargestellt zum Beispiel im Symbol der abgeschlagenen Hände.

Diese mit der zu engen Bindung einhergehenden Probleme werden durch einen Prozess der Entwicklung gelöst, der herausfordernd ist und mit Angst und Verzweiflung verbunden. Der Protagonist, die Protagonistin findet zu mehr Freiheit, das Leben wird geöffnet, es kann weitergehen. Insofern sind diese Geschichten auch im engeren Sinne Befreiungsgeschichten, und sie regen an, auch über eigene nötige Autonomieschritte, durchaus im Rahmen einer zuverlässigen Bezogenheit zu den Mitmenschen, nachzudenken und nachzufühlen. Dieses Nachdenken kann die konkrete Ebene der Beziehungen betreffen, aber auch die intrapsychische Ebene, etwa in der

Frage: Wo bin ich zu sehr einem alten Denken verhaftet, wo wehre ich mich dagegen, etwas Neues in mein Denken und Handeln zu lassen, wo wehre ich mich überhaupt gegen Veränderung?

Aber warum Märcheninterpretationen, wie sie hier vorliegen? Diese tiefenpsychologische Deutung der Märchen, die auf der Psychologie von C. G. Jung gründet, soll eine Möglichkeit von Verständnis darstellen, will anregen, sich selber über die Bedeutung des Märchens Gedanken zu machen. Die symbolische Sprache ist immer mehrdeutig, nicht in einer einzigen Bedeutung zu fassen, und so sind »Deutungen« eines Märchens immer nur »Andeutungen«, die hoffentlich anregen.

Ich danke Christiane Neuen vom Patmos Verlag für die Idee, meine Märcheninterpretationen in dieser neuen Zusammenstellung wieder aufzulegen, und für ihr wie immer sehr sorgfältiges Lektorat.

St. Gallen, im Januar 2012 Verena Kast

Die Gänsemagd

Angst bei der Trennung von der Mutter

Es lebte einmal eine alte Königin, der war ihr Gemahl schon lange Jahre gestorben, und sie hatte eine schöne Tochter. Wie die erwuchs, wurde sie weit über Feld an einen Königssohn versprochen. Als nun die Zeit kam, wo sie vermählt werden sollten und das Kind in das fremde Reich abreisen musste, packte ihr die Alte gar viel köstliches Gerät und Geschmeide ein, Gold und Silber, Becher und Kleinode, kurz alles, was nur zu einem königlichen Brautschatz gehörte, denn sie hatte ihr Kind von Herzen lieb. Auch gab sie ihr eine Kammerjungfer bei, welche mitreiten und die Braut in die Hände des Bräutigams überliefern sollte, und jede bekam ein Pferd zur Reise, aber das Pferd der Königstochter hieß Falada und konnte sprechen. Wie nun die Abschiedsstunde da war, begab sich die alte Mutter in ihre Schlafkammer, nahm ein Messerlein und schnitt damit in ihre Finger, dass sie bluteten. Darauf hielt sie ein weißes Läppchen unter und ließ drei Tropfen Blut hineinfallen, gab sie der Tochter und sprach: »Liebes Kind, verwahre sie wohl, sie werden dir unterwegs nottun.«

Also nahmen sie beide voneinander betrübten Abschied. Das Läppchen steckte die Königstochter in ihren Busen vor sich, setzte sich aufs Pferd und zog nun fort zu ihrem Bräutigam. Da sie eine Stunde geritten waren, empfand sie heißen Durst und sprach zu ihrer Kammerjungfer: »Steig ab und schöpfe mir mit meinem Becher, den du für mich mitgenommen hast, Wasser aus dem Bache, ich möchte gern einmal trinken.« – »Wenn Ihr Durst habt«, sprach die Kammerjungfer, »so steigt selber ab, legt Euch ans Wasser und trinkt, ich mag Eure Magd nicht sein.« Da stieg die Königstochter vor großem Durst herunter, neigte sich über das Wasser im Bach und trank und durfte nicht aus dem goldnen Becher trinken. Da sprach sie: »Ach Gott!« Da antworteten die drei Blutstropfen: »Wenn das deine Mutter wüsste, das Herz im Leibe tät ihr zerspringen.« Aber die Königsbraut war demütig, sagte nichts und stieg wieder zu Pferd. So ritten sie etliche Meilen weiter fort, aber der Tag war warm, die Sonne stach, und sie durstete bald von Neuem. Da sie nun an einen Wasserfluss kamen, rief sie noch einmal ihrer Kammerjungfer: »Steig ab und gib mir aus meinem Goldbecher zu trinken«, denn sie hatte aller bösen Worte längst vergessen. Die Kammerjungfer sprach aber noch hochmütiger: »Wollt Ihr trinken, so trinkt allein, ich mag nicht Eure Magd sein.« Da stieg die Königstochter hernieder vor großem Durst, legte sich über das fließende Wasser, weinte und sprach: »Ach Gott!«, und die Blutstropfen antworteten wiederum: »Wenn das deine Mutter wüsste, das Herz im Leibe tät ihr zerspringen.« Und wie sie so trank und sich recht überlehnte, fiel ihr das Läppchen, worin die drei Tropfen waren, aus dem Busen und floss mit dem Wasser fort, ohne dass sie es in ihrer großen Angst merkte. Die Kammerjungfer hatte aber zugesehen und freute sich, dass sie Gewalt über die Braut bekäme: denn damit, dass diese die Blutstropfen verloren hatte, war sie schwach und machtlos geworden. Als sie nun wieder auf ihr Pferd steigen wollte, das da hieß Falada, sagte die Kammerfrau: »Auf Falada gehör' ich, und auf meinen Gaul gehörst du«; und das musste sie sich gefallen lassen. Dann befahl ihr die Kammerfrau mit harten Worten, die königlichen Kleider auszuziehen und ihre schlechten anzulegen, und endlich musste sie sich unter freiem Himmel verschwören, dass sie am königlichen Hof keinem Menschen etwas davon sprechen wollte; und wenn sie diesen Eid nicht abgelegt hätte, wäre sie auf der Stelle umgebracht worden. Aber Falada sah das alles an und nahm's wohl in Acht.

Die Kammerfrau stieg nun auf Falada und die wahre Braut auf das schlechte Ross, und so zogen sie weiter, bis sie endlich in dem königlichen Schloss eintrafen. Da war große Freude über ihre Ankunft, und der Königssohn sprang ihnen entgegen, hob die Kammerfrau vom Pferde und meinte, sie wäre seine Gemahlin: Sie ward die Treppe hinaufgeführt, die wahre Königstochter aber musste unten stehen bleiben. Da schaute der alte König am Fenster und sah sie im Hof halten und sah, wie sie fein war, zart und gar schön, ging alsbald hin ins königliche Gemach und fragte die Braut nach der, die sie bei sich hätte und da unten im Hofe stände, und wer sie wäre? »Die hab' ich mir unterwegs mitgenommen zur Gesellschaft; gebt der Magd was zu arbeiten, dass sie nicht müßig steht.« Aber der alte König hatte keine Arbeit für sie und wusste nichts, als dass er sagte: »Da hab' ich so einen kleinen Jungen, der hütet die Gänse, dem mag sie helfen.« Der Junge hieß Kürdchen (Konrädchen), dem musste die wahre Braut helfen, Gänse hüten.

Bald aber sprach die falsche Braut zu dem jungen König: »Liebster Gemahl, ich bitte Euch, tut mir einen Gefallen.« Er antwortete: »Das will ich gerne tun.« – »Nun, so lasst den Schinder rufen und da dem

Pferde, worauf ich hergeritten bin, den Hals abhauen, weil es mich unterwegs geärgert hat.« Eigentlich aber fürchtete sie, dass das Pferd sprechen möchte, wie sie mit der Königstochter umgegangen war. Nun war das so weit geraten, dass es geschehen und der treue Falada sterben sollte; da kam es auch der rechten Königstochter zu Ohr, und sie versprach dem Schinder heimlich ein Stück Geld, das sie ihm bezahlen wollte, wenn er ihr einen kleinen Dienst erwiese. In der Stadt war ein großes finsteres Tor, wo sie abends und morgens mit den Gänsen durchmusste; unter das finstere Tor möchte er dem Falada seinen Kopf hinnageln, dass sie ihn doch noch mehr als einmal sehen könnte. Also versprach das der Schindersknecht zu tun, hieb den Kopf ab und nagelte ihn unter das finstere Tor fest.

Des Morgens früh, da sie und Kürdchen unterm Tor hinaustrieben, sprach sie im Vorbeigehen:

»O du Falada, da du hangest«,

da antwortete der Kopf:

»O du Jungfer Königin, da du gangest,
Wenn das deine Mutter wüsste,
Ihr Herz tät ihr zerspringen.«

Da zog sie still weiter zur Stadt hinaus, und sie trieben die Gänse aufs Feld. Und wenn sie auf der Wiese angekommen war, saß sie nieder und machte ihre Haare auf, die waren eitel Gold, und Kürdchen sah sie und freute sich, wie sie glänzten, und wollte ihr ein paar ausraufen. Da sprach sie:

»Weh, weh, Windchen,
Nimm Kürdchen sein Hütchen,
Und lass'n sich mit jagen,
Bis ich mich geflochten und geschnatzt
Und wieder aufgesatzt.«

Und da kam ein so starker Wind, dass er dem Kürdchen sein Hütchen wegwehte über alle Land, und es musste ihm nachlaufen. Bis es wiederkam, war sie mit dem Kämmen und Aufsetzen fertig, und es konnte keine Haare kriegen. Da war Kürdchen bös und sprach nicht mit ihr;

und so hüteten sie die Gänse, bis dass es Abend ward, dann gingen sie nach Haus.

Den andern Morgen, wie sie unter dem finstern Tor hinaustrieben, sprach die Jungfrau:

»O du Falada, da du hangest.«

Falada antwortete:

»O du Jungfer Königin, da du gangest,
Wenn das deine Mutter wüsste,
Das Herz tät ihr zerspringen.«

Und in dem Feld setzte sie sich wieder auf die Wiese und fing an, ihr Haar auszukämmen, und Kürdchen lief und wollte danach greifen, da sprach sie schnell:

»Weh, weh, Windchen,
Nimm Kürdchen sein Hütchen,
Und lass'n sich mit jagen,
Bis ich mich geflochten und geschnatzt
und wieder aufgesatzt.«

Da wehte der Wind und wehte ihm das Hütchen vom Kopf weit weg, dass Kürdchen nachlaufen musste; und als es wiederkam, hatte sie längst ihr Haar zurecht, und es konnte keins davon erwischen; und so hüteten sie die Gänse, bis es Abend ward.

Abends aber, nachdem sie heimgekommen waren, ging Kürdchen vor den alten König und sagte: »Mit dem Mädchen will ich nicht länger Gänse hüten.« – »Warum denn?«, fragte der alte König. »Ei, das ärgert mich den ganzen Tag.« Da befahl ihm der alte König zu erzählen, wie's ihm denn mit ihr ginge. Da sagte Kürdchen: »Morgens, wenn wir unter dem finstern Tor mit der Herde durchkommen, so ist da ein Gaulskopf an der Wand, zu dem redet sie:

›Falada, da du hangest‹,

da antwortet der Kopf:

›O du Königsjungfer, da du gangest,
Wenn das deine Mutter wüsste,
das Herz tät ihr zerspringen.‹«

Und so erzählte Kürdchen weiter, was auf der Gänsewiese geschähe, und wie es da dem Hute im Winde nachlaufen müsste. Der alte König befahl ihm, den nächsten Tag wieder hinauszutreiben, und er selbst, wie es Morgen war, setzte sich hinter das finstere Tor und hörte da, wie sie mit dem Haupt des Falada sprach. Und dann ging er ihr auch nach in das Feld und barg sich in einem Busch auf der Wiese. Da sah er nun bald mit seinen eigenen Augen, wie die Gänsemagd und der Gänsejunge die Herde getrieben brachte, und wie nach einer Weile sie sich setzte und ihre Haare losflocht, die strahlten von Glanz. Gleich sprach sie wieder:

»Weh, weh, Windchen,
Nimm Kürdchen sein Hütchen,
Und lass'n sich mit jagen,
bis ich mich geflochten und geschnatzt
Und wieder aufgesatzt.«

Da kam ein Windstoß und fuhr mit Kürdchens Hut weg, dass es weit zu laufen hatte, und die Magd kämmte und flocht ihre Locken still fort, welches der alte König alles beobachtete. Darauf ging er unbemerkt zurück, und als abends die Gänsemagd heimkam, rief er sie beiseite und fragte, warum sie dem allem so täte? »Das darf ich Euch nicht sagen und darf auch keinem Menschen mein Leid klagen, denn so hab' ich mich unter freiem Himmel verschworen, weil ich sonst um mein Leben gekommen wäre.« Er drang in sie und ließ ihr keinen Frieden, aber er konnte nichts aus ihr herausbringen. Da sprach er: »Wenn du mir nichts sagen willst, so klag' dem Eisenofen da dein Leid«, und ging fort. Da kroch sie in den Eisenofen, fing an zu jammern und zu weinen, schüttete ihr Herz aus und sprach: »Da sitze ich nun von aller Welt verlassen und bin doch eine Königstochter, und eine falsche Kammerjungfer hat mich mit Gewalt dahin gebracht, dass ich meine königlichen Kleider habe ablegen müssen, und hat meinen Platz bei meinem Bräutigam eingenommen, und ich muss als Gänsemagd gemeine Dienste tun. Wenn das meine Mutter wüsste, das Herz im Leibe täte ihr zerspringen.«

Der alte König stand aber außen an der Ofenröhre, lauerte ihr zu und hörte, was sie sprach. Da kam er wieder herein und hieß sie aus dem Ofen gehen. Da wurden ihr königliche Kleider angetan, und es schien ein Wunder, wie sie so schön war. Der alte König rief seinen Sohn und offenbarte ihm, dass er die falsche Braut hätte: die wäre bloß ein Kammermädchen, die wahre aber stände hier als die gewesene Gänsemagd. Der junge König war herzensfroh, als er ihre Schönheit und Tugend erblickte, und ein großes Mahl wurde angestellt, zu dem alle Leute und guten Freunde gebeten wurden. Obenan saß der Bräutigam, die Königstochter zur einen Seite und die Kammerjungfer zur andern, aber die Kammerjungfer war verblendet und erkannte jene nicht mehr in dem glänzenden Schmuck. Als sie nun gegessen und getrunken hatten und guten Muts waren, gab der alte König der Kammerfrau ein Rätsel auf, was eine solche wert wäre, die den Herrn so und so betrogen hätte, erzählte damit den ganzen Verlauf und fragte: »Welches Urteils ist diese würdig?« Da sprach die falsche Braut: »Die ist nichts Besseres wert, als dass sie splitternackt ausgezogen und in ein Fass gesteckt wird, das inwendig mit spitzen Nägeln beschlagen ist: und zwei weiße Pferde müssen vorgespannt werden, die sie Gasse auf, Gasse ab zu Tode schleifen.« – »Das bist du«, sprach der alte König, »und hast dein eigen Urteil gefunden, und danach soll dir widerfahren.« Und als das Urteil vollzogen war, vermählte sich der junge König mit seiner rechten Gemahlin, und beide beherrschten ihr Reich in Frieden und Seligkeit.

Dieses Märchen[1] beschreibt zunächst die Notwendigkeit, dass die Tochter der Königin weit über Feld einen Königssohn finden soll. Es geht also um Ablösung von der Mutter. Der Vater ist schon lange gestorben, deshalb wohnt der Königssohn wohl auch so weit über Feld, der Weg zum Männlichen ist offensichtlich weit und muss von der Tochter der Königin bewältigt werden. Das ist eher ungewöhnlich für ein Märchen, normalerweise holt der Prinz die Prinzessin. Dass das Mädchen den Weg machen muss, deutet meines Erachtens darauf hin, dass sie einen Entwicklungsweg zurücklegen muss, bis es ihr möglich ist, eine Beziehung zu einem Mann zu haben, oder bis sie genug Autonomie entwickelt hat. Das Märchen schildert den Weg, der zu ihrer Autonomie und Beziehungsfähigkeit führt. Dieser Weg ist gleichzeitig auch ein Weg der Angst und der Angstbewältigung.

Sich von der Mutter trennen, sich auf den Weg machen, weit über Land gehen und schließlich den Mann finden, kann verstanden werden als Ablöseproblematik eines Mädchens, das zu einer jungen Frau heranreift. Sich von der Mutter zu trennen kann aber auch überpersönlich verstanden werden als Trennung von etwas, das mütterlichen Schutz und Geborgenheit gab. Auch zum Beispiel als Trennung von der Familie, wobei die Familie eine sein müsste, bei der etwas ausgespart wird – etwa eine Familie, in der es nur um das Einander-Umsorgen geht und alle Aggressionen in vermehrte Sorge umgewandelt werden. Oder noch anders gesehen: Es gibt im Augenblick eine Strömung, die fordert, dass die Töchter sich von ihren Müttern emanzipieren sollten; das heißt, dass Töchter nicht fraglos Werte, Frauenbild usw. der Mutter übernehmen sollten, sondern selbstständiger werden müssten.

Die Mutter-Tochter-Beziehung scheint eine sehr enge zu sein und die Königstochter auch mit Reichtum auszustatten. Auch verspricht die Mutter die Tochter einem Königssohn, sie leitet die Trennung selbst ein, sie will die Tochter nicht für sich behalten, auch wenn sie sie »von Herzen lieb« hat. Was gibt die Mutter der Tochter alles mit auf ihren Weg? Einen königlichen Brautschatz, Gold, Silber; sie ist reich ausgestattet an äußeren Werten, die auch innere Werte sein können, die sie aber nicht erworben hat, sondern die ihr von ihrer Herkunft her angehören. Die Mutter gibt ihr aber auch eine Kammerjungfer mit. Wird die Tochter der Königin durch das ganze Märchen hindurch als die »Gute« dargestellt, mit der man Erbarmen hat, dann die Kammerjungfer durchgehend als die »Böse«.

Es ist kaum anzunehmen, dass die alte Königin mit Bedacht ihrer Tochter eine böse Kammerjungfer mitgeschickt hat. Es ist wohl eher anzunehmen, dass das Böse in dieser Mutter-Tochter-Beziehung ausgespart worden ist und dass die Tochter dadurch wenig Möglichkeiten hat, mit solchen Kammerjungfern umzugehen: mit Kammerjungfern außen, im Sinne von Menschen, die Macht über sie bekommen wollen, die ihre Stelle einnehmen wollen, mit Kammerjungfern innen, nämlich Machtgelüsten, Täuschungsabsichten, Gefühllosigkeit usw. Von der Kammerjungfer wird noch zu sprechen sein.

Die Mutter hat aber nicht nur die Kammerjungfer mitgegeben, sie hat auch noch ein Pferd mitgegeben, das sprechen kann, Falada. »Falada« heißt nach den Forschungen von Schliephacke[2] »Das dem alten Gott des Lichts Geheiligte«, er wird mit Wotan in Zusammenhang gebracht, vor allem deshalb, weil der Pferdekopf von Falada nachher am dunklen Tor hängt, am Ausgang zu einer anderen Welt. Wotan hing neun Tage am windigen Baum und sprach mit einem Kopf, um zu besserer Selbsterkenntnis zu kommen. Die Germanen befestigten lange Zeit Pferdeschädel an die Giebel ihrer Häuser, um sich die Hilfe von Wotan zu erhalten. Wotan also als Pferdegott, Windgott, Geistgott. Auch in unserem Märchen spielt der Wind ja eine große Rolle, die Königstochter kann mit dem Wind umgehen, ihm befehlen.

Ein Pferd symbolisiert zunächst die instinktive, animalische Natur des Menschen, das Körperliche im Aspekt von dynamischer Kraft. Die Verbindung der Pferde mit dem Wind kommt daher, dass ein Pferd dahinstürmen kann wie der Wind. Im Symbol des Pferdes ist die Vitalität ausgedrückt. In diesem sprechenden Pferd ist aber auch die »Weisheit« ausgedrückt. Wir kennen aus den Märchen verschiedene sprechende Pferde. Tacitus hat beschrieben, dass die Germanen die Pferde für die Vertrauten der Götter hielten und von ihnen Weissagungen erhielten.[3] Betrachten wir die Königstochter als eine Tochter, die den Weg der Ablösung von der Mutter beschreiten muss, dann meine ich, dass sie mit Falada über eine gute instinktive Grundlage verfügt, sie hat Beziehung zu ihrem Körper, sie ist vital, sie spürt Veränderungen über den Körper, sie kann mit dem Unbewussten umgehen. Andererseits meine ich, dass in diesem Pferd, das dem alten Gott des Lichts geheiligt ist – also wenn schon Wotan, dann nur sein heller, inspirierender Aspekt –, auch ein zu hoher Anspruch nach Lichtem verbunden ist. Das Bild des Männlichen dürfte noch ganz im Idealen gefangen sein.

Die Königstochter erhält aber auch noch ein weißes Läppchen mit drei Blutstropfen. Zunächst ist dieses Läppchen wohl Symbol dafür, dass die Beziehung zur Mutter erhalten bleibt, auch wenn sich die Tochter von ihr trennt, nur eben in anderer Form – ein Andenken an die Mutter. Besonders die Erinnerung daran, wie es war bei der Mutter, und dass diese Beziehung existiert und sie auch schützt, dürfte dieses Läppchen auslösen. Blut gilt von alters her als Sitz der Seele und der Lebenskraft. Das Läppchen mit dem Blut symbolisiert daher einerseits die seelische Rückverbindung zur Mutter, die ja vielschichtig ist: Trost, Sicherheit, aber auch Einengung geschieht der Königstochter dadurch. Andererseits aber kann in diesem Talisman auch ausgedrückt sein, was denn eigentlich das

Ziel der Reise der Tochter ist: die Verbindung von Weiß mit Rot, die Verbindung des Reinen, Jungfräulichen mit Blut, mit Leidenschaft, mit Leiden, mit Sexualität. Das ist natürlich ebenfalls eine Rückverbindung an die Mütter, denn wären diese immer weiß geblieben – ja auch die Farbe für das Neuanfangen, für das noch Unbeschriebensein –, es gäbe keine Töchter.

Vorerst scheint mir aber dieses Läppchen als Symbol der Rückverbindung an die Mutter, damit auch als Trost, im Vordergrund zu stehen. Die Tochter ist nicht ganz allein. Daher können die Blutstropfen jeweils auch sagen: »Wenn das deine Mutter wüsste, das Herz im Leibe täte ihr zerspringen.« Damit ist auch ausgedrückt, wie stark die Rückbindung der Tochter an die Mutter ist, wie wenig autonom sie ist.

Die Königstochter wird nicht etwa wütend oder wehrt sich gegen ihr Schicksal, sie denkt an die Mutter, der das Herz zerspringen würde, wüsste sie es. Für die Königstochter ist natürlich nicht dieser diagnostische Aspekt im Vordergrund, sie dürfte sich getröstet gefühlt haben in ihrer Verlassenheit. Wir wissen aus dem Fortgang des Märchens, dass das Mädchen, nachdem sie dieses Läppchen mit den Blutstropfen verloren hatte, schwach und machtlos geworden ist. Die Kammerjungfer bekam deshalb auch Gewalt über sie. In dieser Rückverbindung zur Mutter, in diesem Vertrauen auf die Macht der Rückverbindung liegt ihre Stärke, nicht in ihrer Autonomie.

Versuchen wir diese Ausgangssituation auf ein reales Mädchen zu übertragen: Das Mädchen muss sich von der Mutter trennen, um autonom zu werden und die Beziehung zum Männlichen – innerpsychisch und außen – zu finden. Das Mädchen dürfte gut bemuttert worden sein, vielleicht sogar etwas überbemuttert, im Wesentlichen aber ausgestattet mit vielen Werten, die sie zunächst einfach übernimmt, mit einer guten Vitalität, mit der Möglichkeit, mit ihren instinktiven Seiten Kontakt zu haben. Die Beziehung zum persönlichen Männlichen fehlt, dieses dürfte nur in einer etwas idealisierten Weltanschauung da sein. Das bringt mit sich, dass alles, was nicht in die idealisierte Weltanschauung passt, abgespalten ist und sich natürlich gleich in Szene setzen wird, wenn die Trennung sich vollzieht. Trennung vollzieht sich ja meistens so, dass man sich absetzen muss, eben trennen muss, und das heißt beim Absetzen von der Mutter, dass man jene Seiten in sich zum Zuge kommen lässt, die bei der Mutter und in der Beziehung zur Mutter nicht leben durften. Der Talisman des Läppchens bekäme dann die Funktion, dass man sich, auch wenn wesentlich andere Persönlichkeitszüge die Oberhand bekommen – oft auch Persönlichkeitszüge, die nicht unbedingt förderlich sind, wie hier im Märchen die Kammerjungfer –, daran erinnert, was man auch noch ist, und das kann natürlich auch ein schlechtes Gewissen machen. Durch die gute Mutter-Tochter-Beziehung hat die Tochter aber auch ein Vertrauen in das Leben schlechthin.

In unserem Märchen übernimmt die Kammerjungfer Schritt um Schritt die Macht, sie gewinnt ganz langsam die Oberhand. Dieser Prozess beginnt damit, dass die Königstochter Durst bekommt, die Kammerjungfer soll ihr zu trinken geben – und die Kammerjungfer weigert sich. Durst dürfte hier Lebensdurst bedeuten, und der Durst nach Leben bringt die Königstochter in die Hände der Kammerjungfer. (Ich denke nicht, dass das Märchen etwas mit antiroyalistischen Tendenzen zu tun hat.) Ich habe vorher die Kammerjungfer als einen Persönlichkeitszug mit Machtgelüsten betrachtet, Gelüsten nach Prestige, ohne Gefühl. Wir können diese Kammerjungfer als »Schatten« der Königstochter verstehen im Sinne C. G. Jungs. Unter »Schatten« fallen bei ihm alle psychischen Verhaltensmöglichkeiten, die wir nicht leben, weil sie mit dem bewussten Standpunkt nicht vereinbar sind. Der Schatten kann deshalb sowohl negativ als auch positiv sein. Klar ist, dass jede Bewusstseinsveränderung dadurch zustande kommt, dass ein Stück dieses Schattens gelebt wird. Das gilt besonders für die Ablösung, wie ich schon vorher gesagt habe. Auf dieser ersten Etappe der Reise wirkt die Königstochter eher farblos, verloren. Sie ist zwar demütig, nimmt an, was kommt, aber sie ist der Kammerjungfer ausgeliefert, ein Spielball der bösen Mächte. Das Leben ist im Schatten. (Jung sagt: Der Schatten verwickelt uns ins Leben.)

So wirken Mädchen oder Frauen, die eine Mutterbeziehung haben, die sie sehr behütet, beschützt, ihnen auch viel gibt, wo aber das Männliche ausgespart wird. Diese Mädchen oder Frauen sind, wenn sie sich einmal wegtrauen von dem sie Beschützenden (das kann z. B. auch der Mann sein), ganz erstaunt, wenn ihnen die Welt nicht mit der für sie gewohnten Freundlichkeit entgegentritt, sie sind sehr verletzt, wenn sie mit Brutalität, Boshaftigkeit usw. in Kontakt kommen – und vor allem, sie sind blind für ihre eigenen

Machtseiten. Dieser Macht verfallen sie aber sehr leicht, dann nämlich, wenn sie sich selber »bücken« müssen, wie es im Märchen ausgedrückt ist, durch die Notwendigkeit, sich selber das Wasser zu holen, das sie trinken wollen. Nicht ausgerüstet, sich selber zu holen, was sie zum Leben brauchen, aber verwöhnt, gewöhnt, wichtig zu sein, werden sie in Situationen, wo ihnen diese Wichtigkeit abhanden kommt, etwa unangenehm befehlend. Ich meine also, dass wir die Kammerjungfer als einen Aspekt der Königstochter auffassen können. Im Augenblick, wo sie die bergende Situation verlässt, kann sie sich doppelt erleben und verhalten: einerseits als die, die sich selber etwas zum Trinken holen muss, die der Welt gegenüber ungeübt ist, die erschrickt vor Boshaftigkeit, und andererseits als diejenige, die die kompensatorische Haltung des Sichdurchsetzenwollens lebt, die vor üblen Praktiken nicht zurückschreckt. Die Kammerjungfer im Märchen ist aggressiv, dominierend, will sich durchsetzen, will machtvoll sein. Sie scheint autonom, aber ist es nicht. Es ist eine forcierte Selbstständigkeit.

Übertragen wir den Märchenprozess wieder auf eine reale Tochter, dann bedeutet das, dass Aggression, Machtstreben, forcierte Eigenständigkeit usw. die Stelle des Ich einnehmen, es findet eine ungeheure Persönlichkeitsveränderung statt. Menschen, die einem sehr vertraut sind, können durch Beziehungen zu anderen Menschen plötzlich ganz neue Züge zeigen. Wenn uns diese Züge nicht passen, dann sagen wir, dass der uns bekannte Mensch verdorben worden sei. Manchmal ist das auch richtig, manchmal hat man das Gefühl, dass jemand, gerade dann, wenn er sich sehr von einer früheren Lebensform absetzen will, seine »schlechtesten Seiten« zu leben beginnt. Etwa, wenn sehr liebevolle Frauen, die sich plötzlich ausgebeutet vorkommen, meinen, sie seien naiv gewesen, und dann harte, dominierende Seiten herauskehren. Wenn die Kammerjungfer ganz dominiert, dann ist von der liebevollen Persönlichkeit kaum mehr etwas zu spüren. Das wirkt dann instinktlos.

Die Königstochter verliert vor lauter Durst das Läppchen mit den Blutstropfen, »ohne dass sie es in ihrer großen Angst merkte«. Das Märchen erwähnt hier zum ersten Mal die Angst. Es ist sicher so, dass wir in sehr großer Angst vergessen können, dass wir immer auch geschützt sind, damit also unseren Schutz verlieren, dass wir auch vergessen können, wer wir überhaupt sind, welche Kräfte wir haben. Aber was bewirkt diese große Angst hier im Märchen?

Nehmen wir das Märchen einmal ganz real. Stellen wir uns dieses behütete Mädchen vor, stellen wir uns vor, wir kämen selber aus so einer beschützten Situation. Wir machen das erste Mal eine Reise – weit übers Land. Ein einziger Mensch ist uns mitgegeben, der uns begleitet. Statt dass dieser Mensch hilfreich ist, stößt er uns zurück, demütigt uns. Wir sind nicht nur allein, einsam, wir sind auch bedroht, wissen gar nicht, was dieser begleitenden Person noch alles in den Sinn kommt. Dieses Alleinsein, diese Bedrohung müssen wir spüren, auch dann noch, wenn wir die Kammerjungfer wieder als Zug der Königstochter sehen: die Bedrohung durch einen solchen Persönlichkeitszug bringt Angst mit sich. Und wenn die Angst uns ergreift, dann ergreift sie uns total und lähmt uns auch dort, wo wir normalerweise mit dem Leben ganz gut zurechtkommen.

Verstehen wir die Kammerjungfer als Persönlichkeitszug der Königstochter, dann könnten wir die Angst auch mit Gewissensangst in Zusammenhang bringen. Das Läppchen mit den drei Blutstropfen, die Rückverbindung zur Mutter, hat auch den Aspekt, dass es Angst verursachen kann, wenn man etwas tut, was die Mutter nicht akzeptieren würde; wenn man etwas tut, was der Mutter das Herz im Leib zerreißen würde. Auch diese Angst kann sinnvoll sein, weil sie einen davor bewahrt, etwas zu tun, was zu fremd ist, was zu sehr gegen die eigene Natur ist. Viel öfter aber ist diese Angst schädlich, weil sie verhindert, dass wir überhaupt etwas Neues wagen, sie hält uns bei der Mutter und hält uns infantil.

Die Königstochter konnte also vor lauter Angst, die ihr diese Rückbindung verursacht, das Läppchen verlieren, das heißt, sie übersieht, dass sie es verliert, und jetzt hat die Kammerjungfer Macht über sie. Das zeigt sich äußerlich darin, dass sie nicht mehr Falada reiten darf, dass sie mit der Kammerjungfer die Kleider tauschen und unter freiem Himmel schwören muss, nichts davon zu sagen am Königshof; hätte sie das nicht geschworen, wäre sie auf der Stelle umgebracht worden. Falada »sah das alles an und nahm's wohl in Acht«.

Dadurch, dass der Schutz der Mutter weg ist, die Rückverbindung verloren ist, kann nun eine starke Persönlichkeitsveränderung stattfinden, nicht einmal mehr das schlechte Gewissen kann einen Abstand zu ihrer Lebenssituation schaffen. Ausdruck dafür ist, dass sie nicht mehr auf Falada reiten darf. Ich sagte zuvor, jemand in einer solchen Situation wirke »instinktlos«; nicht mehr auf Falada sitzen zu dürfen, könnte das Bild für diese Instinktlosigkeit sein. Andererseits, wenn Falada das lichte Prinzip ausdrückte, dann muss sie sich einmal auf ein anderes Pferd setzen, denn es geht ja darum, dass sie jetzt in einer »Dunkelphase« ist; diese Dunkelphase war so gründlich ausgespart, dass sie sich jetzt ebenso gründlich in den Vordergrund schiebt.

Ein weiteres Bild für diese Persönlichkeitsveränderung ist der Kleidertausch. Kleider drücken aus, wie wir uns der Welt zeigen wollen, welche Seiten von uns wir darstellen wollen, von welchen Seiten wir wollen, dass sie gesehen werden. Änderung der Kleidung zeigt auch bei ganz gewöhnlichen Menschen an, dass sich ihr Verhältnis zur Welt geändert hat, dass sie zum Ausdruck bringen wollen, dass sie sich geändert haben. Nur: Hier im Märchen geht es nicht um Wollen, sondern es geht um Müssen. Die Persönlichkeitsveränderung ist keineswegs eine freiwillige, sondern eine erzwungene. Diese ganze Machtseite, diese dominierende, autoritäre Seite kommt über die Tochter – sie hat dem nichts mehr entgegenzusetzen.

Ein solches Überwältigtwerden von schattenhaften Zügen, was mit ungeheuren Ängsten verbunden ist, kommt natürlich nur vor, wenn diese Schattenseiten sehr stark ausgeblendet wurden. Streng genommen ist die Kammerjungfer die Kammerjungfer der Mutter! Das Problem dürfte weit zurückreichen. Das zeigt sich besonders beim Schwur: Die Tochter muss schwören, dass sie nichts sagt, sonst wäre sie gleich umgebracht worden. Diese Befürchtung, umgebracht zu werden, zeigt meines Erachtens die große Angst, die sie vor ihrer Kammerjungfer-Seite hat. Diesen Schwur dürfte sie wohl unter größter Angst geleistet haben. Was könnte dieser Schwur unter freiem Himmel bedeuten? Zunächst bedeutet er, dass sie bei der Strafe des Himmels – und das sind ja dann doch wieder die höheren Mächte – niemandem sagen wird, dass eine Vertauschung stattgefunden hat, dass es eine richtige und eine falsche Braut gibt. Sie wird das vor den anderen nicht zugeben. Gerade dieses »Geheimnis-Behalten« scheint aber noch etwas zu sein, das zu ihrer wahren Persönlichkeit gehört, und das Beharren darauf, das Geheimnis nicht auszuplaudern, scheint mir wichtig als Beharren auf einem Persönlichkeitszug, der noch mit dem Himmel verbunden ist und nicht bloß mit der Kammerjungfer, auch wenn diese es verlangt hat.

Der Schwur bewirkt, dass sie nicht zugibt, was geschehen ist, dass sie sich damit aber auch nicht identifiziert. Dass sie umgebracht würde, verstehe ich dahingehend, dass sie, wenn sie nicht schwören würde, die Situation nicht ertragen könnte, dass sie dann besessen wäre von diesem Kammerjungfer-Aspekt und von ihrer wahren Persönlichkeit nichts mehr übrig bliebe. Davor bewahrt sie der Schwur, und davor scheint sie auch Falada bewahren zu wollen: Instinktiv registriert sie, registriert etwas in ihr, was vor sich geht. Bewusst entschließt sie sich, die Situation, so wie sie sich jetzt zeigt, auszuhalten. Damit ist aber die Chance der Entwicklung gegeben. Für jemanden, der total unter die Dominanz dieses zuvor verdrängten Schattenaspekts geraten ist, geht es darum, es zwar zur Kenntnis zu nehmen, sich aber gleichzeitig innerlich eine kleine Distanz zu bewahren im Wissen darum, dass auch eine andere Möglichkeit besteht. Spricht man Menschen in diesem Zustand auf ihr falsches Selbst an, dann können und dürfen sie das nicht zugeben. Sie selber wissen es aber wohl.

Und nun treffen die beiden mit Falada am Königshof ein, wo es offenbar nur Männer gibt: den Königssohn, den alten König und Kürdchen. Der Königssohn nimmt die falsche Braut mit Freuden in Empfang, ohne etwas zu merken. Der alte König aber wird auf die sogenannte Magd aufmerksam. Der Königssohn schaut offenbar nur die Kleider an – er passt gar nicht schlecht zur falschen Braut. Der alte König hingegen sieht die Gestalt, die hinter den Kleidern verborgen ist. So ist zwar eine erste Begegnung mit dem personalen Männlichen geschaffen, aber die Frau kann nicht ihre wahre Persönlichkeit zeigen, und der Mann merkt es nicht. Seine Beziehung zum Weiblichen ist auch nicht differenziert.

Betrachten wir das Märchen wieder aus der Perspektive eines Mädchens oder einer jungen Frau, dann ist die Trennung vom Mütterlichen vollzogen, und sie kann sich nun dem Männlichen verbinden, sei das in einer realen Beziehung, sei es, dass sie zu männlichen Aspekten ihrer Psyche in Kontakt treten kann, aber es ist noch nicht die ganze Person, sondern nur diese überwältigende Schattenseite, die das tun kann. Also in Realität etwa eine Beziehung, in der äußerlich alles stimmt, wesentliche Aspekte der Persönlichkeit aber nicht mitleben können. Eine innerliche Entwicklung tut not.

Die wahre Braut wird denn auch zur Gänsehirtin. Der alte

König, der einen Blick für sie hat, für ihre wahre Gestalt, für das, was ihr nottut, schickt sie zum Hüten. In Griechenland war die Gans der Aphrodite heilig, sie galt als Symbol der Liebe, der Fruchtbarkeit. Sie wühlt aber auch in allem Schmutz herum, erscheint zudem als Attribut der russischen Hexen, die oft Gänsefüße haben oder zumindest in Häuschen wohnen, die auf Gänsefüßchen stehen; deshalb wird die Gans auch mit dem hexenhaften Aspekt der Frau in Verbindung gebracht und mit der »schlammigen« Seite der Liebe und der Körperlichkeit. Die wahre Braut muss sich also um den Eros kümmern und auch um das schattenhaft Weibliche im Bereich der Liebe und der Sexualität.

Hüten hat immer den Aspekt des Zusammenhaltens von etwas, des Sich-Konzentrierens. Die wahre Braut muss sich nun wohl einmal auf alle Aspekte der Liebe konzentrieren, denn was die falsche Braut mit dem Königssohn verbindet, kann man kaum Liebe nennen. Man kann sich vorstellen, dass ein Mädchen eine sogenannte »feste Beziehung« hat, in der mehr die Äußerlichkeiten stimmen müssen, innerlich ist sie überhaupt noch nicht bereit zur Beziehung, fängt nun aber an, sich dahin zu entwickeln. Zwar lässt die falsche Braut auch noch Falada töten, aber so leicht lässt sich diese instinktive Rückverbindung zur Mutter nicht töten. Auch wird hier die Gänsemagd plötzlich aktiv. Im Moment, wo die falsche Braut versucht, den letzten Schutz für die wahre Braut aus der Welt zu schaffen, wo sie also versucht, wirklich letzte Macht über sie zu bekommen, in dem Moment erinnert sich die wahre Braut an Falada und beginnt aktiv einzugreifen. Hier geschieht der Umschlag. Wie die Pferdeköpfe der Germanen das Unheil abwenden sollten, so soll auch Falada helfen, das Unheil abzuwenden. Mir scheint aber entscheidend, dass die wahre Braut sich Falada überhaupt wieder zuwendet. Dies könnte damit zusammenhängen, dass die falsche Braut sich von ihr abgewandt hat – sie hat ja jetzt ihren Königssohn.

Übertragen auf ein Individuum: Wenn jemand, der so sehr von Machtbegierde besessen ist (das ist wie ein Zwang – man spürt, dass man anders können müsste, und kann nicht), einmal einen Erfolg errungen hat, wie wenig erfolgreich der auch aussehen mag, dann tritt eine gewisse Entlastung ein, und es können Persönlichkeitsanteile zum Zuge kommen, die sonst überwuchert sind. Die Gänsemagd geht jeden Morgen zum dunklen Tor hinaus, auf eine freie

Wiese, es ist, wie wenn sie immer wieder durch einen dunklen Durchgang gehen müsste, um auf die Wiese zu kommen, wo sie zu sich finden kann. Im Bild dieses dunklen Durchgangs ist natürlich auch der Hinweis darauf, dass die Phase, in der das Leben so traurig ist, sie so verkannt ist, ein Durchgang ist. Da gehört wesentlich dazu, dass sie Falada anredet und er dasselbe zu ihr sagt, was zu Beginn des Märchens die Blutstropfen zu ihr gesagt haben: Er erinnert sie wiederum an die positive Mutter, persönlich und überpersönlich.

Die wahre Braut ist nun mit Kürdchen zusammen. Kürdchen holt dann den alten König zu Hilfe. Die Auseinandersetzung mit den Männern beginnt, wobei Kürdchen den jungenhaften Aspekt, mit dem die wahre Braut spielt, darstellt, der alte König eher den Vateraspekt des Männlichen.

Wenn eine junge Frau so sehr an die Mutter gebunden und der Vater nicht vorhanden oder unerreichbar war, dann kann die Beziehung zum gleichaltrigen Mann nur eine solche Schattenbeziehung sein, wie sie in der Beziehung der falschen Braut zum Königssohn deutlich wird, bis sich das Mädchen mit den beiden Aspekten des Männlichen auseinandergesetzt hat, die sich hier zeigen: mit dem kindlichen Aspekt des Mannes und mit dem Väterlichen. In Realität haben diese Mädchen oft Beziehungen zu väterlichen Männern, die eine sehr jungenhafte Seite haben. Oder sie haben Beziehungen zu sehr jugendlichen Männern, mit denen sie spielen, und haben dabei Sehnsucht nach dem Vater. Was sich objektstufig in der Beziehung zu den Männern ausdrücken kann, kann sich auch subjektstufig als Beziehung zu eigenen männlichen Seiten in der Frau ausdrücken, wobei die Vaterseite eher die Seite der Konvention, des verlässlich Hergebrachten, verkörpert, der Junge mehr das Neue, das Aufbrechende, das Schöpferische.

Was macht die wahre Braut mit Kürdchen? Sie zeigt ihm zunächst ihre Haare, und wenn er, von der Schönheit angezogen, ihr ein paar ausraufen will, dann schickt sie ihn mit einem Windzauber fort. Haare einer Frau haben sehr viel mit Erotik zu tun, insbesondere die goldenen Haare erinnern an die Feen, die ihre goldenen Haare kämmen und damit die Männer anlocken und verzaubern. Das tut hier die Gänsemagd. Und wenn Kürdchen mit ihr spielen will, dann wird ihm der Hut mit dem Windzauber weggefegt. Es erstaunt, wie mächtig die Gänsemagd nun plötzlich wieder ist –

irgendwie doch eine Hexe! Das steht damit im Zusammenhang, dass sie Falada wieder zurückerhalten hat, damit aber auch ihre instinktive Sicherheit und auch eine gewisse Macht. Sie schickt Kürdchen fort, damit sie ihre Haare ordnen kann, damit sie ihre erotischen Phantasien ordnen, zusammenhalten kann.

Dem Kürdchen wird das aber zu dumm – eine gewisse Zeit (zwei Tage lang) lässt er sich das gefallen, dann aber nicht mehr. Er geht zum alten König und beschwert sich. Dieser Beziehung zu Kürdchen würde im äußeren Leben die erotische Spielerei entsprechen, die nur den Anfang will. Die Faszination des Anfangens einer erotischen Beziehung wird dabei gesucht, nicht eine wirkliche Beziehung. Dabei wird natürlich auch »weibliche Macht« erlebt – hier liegt die »Hexenseite« –, anzulocken und wegzuschicken, so wie es ihr gefällt. Innerpsychisch entspricht dem etwa die Haltung, in der eine Frau von einer Idee fasziniert ist, dieses Fasziniertsein genießt und dann die Idee fahren lässt. In solchen Stadien der weiblichen Entwicklung tritt dann sozusagen immer das »Väterliche« auf den Plan, das vor solcher Sprunghaftigkeit bewahren soll – aber auch als Gefahr, etwa indem Frauen, die einen solchen Puer-Animus haben, sich für die herrschende Ordnung entscheiden und das Neue, das aufbrechen will (hinter diesen Strebungen stecken die Frühlingsgötter), meiden. So tritt auch in unserem Märchen die Vatergestalt auf, die weiß, was der Gänsemagd nottut. Der alte König fragt sie nach ihrem Leid. Er will, dass sie ihr Leid ausspricht, dass sie ihre Situation klärt. Jetzt ist sie, durch die Entwicklung, die sie beim Hüten durchgemacht hat, so weit, dass sie zugeben kann, was ihr passiert ist.

Wir haben hier eine echt therapeutische Situation vor uns, einen Menschen, der sein Geheimnis, das er bisher nicht preisgeben durfte, nicht länger alleine tragen kann. Ein Geheimnis zu haben kann der erste wesentliche Schritt in Richtung Autonomie sein, besonders dann, wenn die Angst, die mit dem Geheimnis verbunden ist, ausgehalten wird. Das belastende Geheimnis muss aber ausgedrückt werden, soll es seine bedrückende Kraft verlieren, und es muss mit einem Menschen geteilt werden. Das Mädchen beichtet aber nicht dem König, sondern dem Ofen. Auf jeden Fall geht es auch in dieser Situation noch darum, dass das Mädchen ihren Schwur hält. Mit diesem Schwur hat sie sich in Beziehung zum freien Himmel gesetzt, zu den Göttern, im Halten des Schwurs blieb sie sich selbst treu. Die Gänsehirtin kriecht in den Eisenofen und fängt an zu jammern und zu weinen und klagt ihm ihr Leid. Und jetzt sagt sie zum ersten Mal selbst: »Wenn das meine Mutter wüsste, das Herz im Leibe täte ihr zerspringen.« Der König heißt sie dann, aus dem Ofen herauszukommen. Der Ofen ist ein Symbol des Mutterleibes, und stellt man sich die Situation vor, dass sie in den Ofen hineinkriecht, da drin sich ihre Situation bewusst macht, dazu steht, dass sie von dieser Schattenseite überwältigt worden ist, und dann wieder herauskriecht, dann erinnert das sehr an Wandlung, an Tod und Wiedergeburt – und auch an das noch Fertig-gebacken-Werden.

Im Schutze größter Geborgenheit kann sie sich klarmachen, was ihr eigentlich passiert ist. Es ist ihr nun voll bewusst geworden. Das Ausdrücken ihres Geheimnisses ist mit viel Emotion verbunden. Dazu gehört, dass sie jetzt das Sprüchlein vom Zerreißen des Herzens der Mutter sagt. Dieses Sprüchlein wurde zuvor ja nur von den Blutstropfen und von Falada gesagt, also von Dingen, die magisch mit der Mutter zusammenhängen; es waren mehr intuitive Ahnungen denn bewusstes Erfassen der schrecklichen Situation.

Auf eine Frau übertragen würde das heißen, dass das schreckliche Geheimnis, das natürlich sehr viel Angst auslöst, erst dann gelüftet werden kann, wenn sie sich entwickelt hat, wenn sie zu ihren männlichen Seiten Beziehung aufnehmen kann. Dann kann sie in einer Situation größter Geborgenheit das Geheimnis formulieren, es damit auch sich selber klarmachen, was geschehen ist, vor sich selber zugeben, was passiert ist. Dadurch kann sie zu ihrer wirklichen Persönlichkeit werden, sie bekommt dann als Ausdruck dafür auch ihre königlichen Kleider. Was zuvor Angst gemacht hat, kann nun gesehen werden – jedermann weiß nun vom Treiben der Kammerjungfer –, und diese wird bestraft.

Wir sind von den Märchen her gewohnt, dass die sogenannten bösen Gestalten sich selber – wenn auch ungewollt – jeweils eine furchtbare Strafe ausphantasieren, die sie auch auferlegt bekommen, und so eliminiert werden. Schaut man aber diese Strafen genauer an, dann erscheinen sie schon sehr grausam. Das Fass mit den Nägeln erinnert an den Ofen – aber hier sind Nägel drin, also nicht das Wärmende der Großen Mutter, sondern das Zerfleischende. Die Kammerjungfer deutet mit der Methode, mit der sie getötet werden wird, an, dass sie ein Aspekt der zerfleischenden Großen

Mutter ist, wie sie etwa in der Göttin Kali dargestellt ist. Dieser Aspekt darf nun verschwinden.

Mich lässt so ein Schluss immer etwas unbefriedigt. Solch eine Eliminierung ist zwar logisch, aber wenn wir uns einen realen Menschen vorstellen, der – aufgrund einer starken Beeinflussung durch das positiv Mütterliche samt der damit verbundenen Naivität – sich ins Leben hineinentwickeln muss, bei dem sich der negative Aspekt des Mütterlichen konstellieren muss, indem eine starke Machtseite hervortritt, insbesondere im Zusammenhang mit der Beziehung zu Männern – die Angst vor den Männern und vor dem Männlichen dürfte diese Seite konstelliert haben –, dann ist es keine Lösung, wenn, nachdem das Mädchen zu bedeutend mehr Autonomie gefunden hat, indem sie ungeheure Einsamkeit ausgehalten und die eigenen männlichen Seiten entwickelt hat, dieser Schattenaspekt einfach verschwindet. Man kann natürlich sagen, dass diese Kammerjungfer-Seite so gefährlich ist, dass sie abgespalten werden muss. Ich frage mich in diesem Zusammenhang aber, wieweit die Märchen eben doch auch einen zeitgebundenen Aspekt haben, ob es Zeiten gab, für die es aufgrund stärker tragender kollektiver Wertgefüge möglich war, diese zerstörerischen Seiten abzuspalten, das Dunkle überhaupt abzuspalten, um sich das Helle zu erhalten. Ich meine, dass das für uns heute nicht mehr möglich ist, dass wir eher versuchen müssten, mit der Kammerjungfer zu leben und ihr doch nicht zu verfallen, um im Märchen zu bleiben. Sicher, Frauen, die zu ihren männlichen Seiten Beziehung aufnehmen können, brauchen sich weniger mit unbewussten Machtstrategien durchzusetzen, aber dass diese Schattenseiten ganz verschwinden können, etwa indem man sich »sadistisch« gegen diese Seiten wehrt, halte ich für unmöglich. Ich denke, dass es für uns angstmachender ist, wenn die Kammerjungfer zerfleischt wird und dann vielleicht wieder irgendwo spukt.

Erst als die Kammerjungfer tot ist, heiraten der junge König und die rechte Gemahlin; jetzt kann die Beziehung zum Männlichen wirklich gelebt werden; die junge Frau ist von ihrer Mutter abgelöst, dadurch auch autonomer als zuvor. (Über die Unselbstständigkeit des Sohnes wäre auch noch einiges zu sagen!)

Betrachten wir das Märchen nochmals kurz unter dem Aspekt von Angst und Angstbewältigung: Es geht hier um die Angst durch das Überwältigtwerden von einer negativen Seite des eigenen Wesens im Zusammenhang mit Trennung von der Mutter und der damit verbundenen Beziehung zum Männlichen. Es geht um die Angst, durch eine Trennung plötzlich Seiten an sich zu sehen, die zuvor – im herrschenden System – als minderwertig beurteilt wurden. Zudem sind diese Seiten dominierend, scheinen alle anderen Persönlichkeitsanteile in ihre Gewalt zu bringen. Die Angst muss ausgehalten werden – der Weg zurück zur Mutter wird übrigens nicht gewählt (sonst wäre es kein Märchen) – die Kammerjungfer drängt vorwärts. Die Situation wird ausgehalten, und durch die Entwicklung der vorher brachliegenden Persönlichkeitskomponenten (ihrer männlichen Wesensanteile) kann das Angstmachende formuliert und eine Beziehung zum Mann gefunden werden, die nicht nur auf äußeren Schein aus ist.

Das Erdkühlein

Ablösung als schöpferischer Prozess

Ein guter armer Mann hatt ein Frau und von ihr zwei Töchterlein, und ehe die selbigen Kindlein, deren das kleinere Margaretlein und das größere Annelein hieß, erwachsen waren, starb ihm die Frau, und derhalb nahm er ein andere. Nun warf die selbig Frau einen Neid auf das Margaretlein und hätte gerne gewollt, daß es tot wäre gewesen, doch es selbst umzubringen däucht sie nicht gut, und so zohe sie mit Listen das älter Maidlein an sich, dass es ihr hold und der Schwester feind ward.

Und einmal begab sich, dass die Mutter und die älter Tochter beieinander saßen und beratschlagten, wie sie ihm doch tun wollten, dass sie des Maidleins abkämen, und beschlossen endlich, daß sie miteinander wollten in den Wald gehen und das Maidlein mitnehmen, und in dem Wald wollten sie das Maidlein verschicken, dass es nicht mehr zu ihnen kommen könnte.

Nun stand das Maidlein vor der Stubentür und hörte alle die Wort, so sein Mutter und Schwester wider es redten und Ursach zu seinem Tod suchten; da war es sehr betrübt, ohn alle Ursach so jämmerlich zu sterben und von den Wölfen zerrissen zu werden. Und also betrübt ging es zu seiner Dotten oder Göttel, die es aus der Tauf gehoben hatte, und klaget ihr die große Untreu und tödliche, mörderische Urteil, so über sie von der Schwester und Mutter geschehen. Nun wohlan, sprach die gut alt Frau, mein liebs Kind, dieweil dein Sach ein solche Gestalt hat, so gang hin und nimm Sägmehl und, wenn du deiner Mutter nachgehst, streue es vor dir anhin! Laufen sie hernach schon von dir, so geh du der selbigen Spur nach, so kommst du wieder heim. Die gut Tochter tat, als ihr die alt Frau befohlen hatt. Und wie sie hinaus in den Wald kam, setzt sich ihr Mutter nieder und sagt zum ältern Maidlein: Komm her, Annelein, und such mir ein Laus! So geht dieweil das Gretlein hin und klaubt uns drei Bürden Holz; so wollen wir an diesem Ort sein warten, darnach gehn wir miteinander heim.

Nun das gut arm Töchterlein zohe hin und streuet vor ihm anhin das Sägmehl (denn es wohl wußt, wie es ihm gehn würde) und sammelt drei Bürden Holz. Und als es die gesammelt, nahm es sie auf den Kopf und trug sie an das End, da es sein Stiefmutter und Schwester gelassen hatt. Als es aber dar kam, fand es sie nicht; behielt doch seine drei Büschlein auf dem Kopf, zohe seinem gemachten Weg nach wieder heim und warf die drei Büschlein ab.

Und als es die Mutter ersahe, sprach sie zum Maidlein: Annelein, unser Tochter ist wieder kommen, und all unser Kunst hat uns gefehlet. Darum wollen wir morgen an ein ander Ort gehen und das Maidlein aber von uns schicken; so wird es nicht mehr mögen heim kommen, so sind wir hernach sein ledig.

Nun hat das gut Margaretlein diese Wort abermals gehört, lief wieder zu seiner Göttel und zeigt ihr die Handlung an. Wohlan, sprach die Frau, ich siehe wohl, daß sie dir nach deinem Leben stellen und nicht Ruhe haben werden, bis sie dich umbringen. Darum so geh jetzt hin und nimm Spreu und streu die abermals vor dir hin, wie du mit dem Sägmehl getan hast! So kannst du wieder heim kommen.

Als nun das Maidlein wieder heim kam, sagt sein Mutter: Kommet her, Gretlein und Annelein! Wir wollen gehn in den Wald. Das älter Maidlein, als das um alle Sach gar wohl wußt, auch Hilf und Rat darzu getan hatte, zoge ganz fröhlich, Gretlein hergegen ganz traurig hinaus. Und als sie in den Wald kamen, setzt sich die bös, arglistig, zernichtig Frau nieder und sagt zum Annelein: Komm her, Annelein, und fahe mir ein Laus! So geht das Gretlein hin und suchet dieweil jeglichem ein Bürde Holz; darnach gehn wir wieder heim.

Das arme Gretlein ging hin und suchet Holz, und ehe es wieder kam, war sein Mutter und Schwester hinweg. Nun ging das gut Gretlein mit seinem Holz der Spreu nach, bis es wieder heim kam. Und als es von seiner Mutter gesehen ward, sagt sie zum Annelein: Unser elend Maidlein kommt wieder. Nun wollen wir sehen, wie wir sein abkommen, und sollt es uns etwas Groß kosten. Und wir wollen morgen wieder in den Wald; da wollen wir sehen, daß es dahinten bleibt.

Solche Red hatte das Maidlein abermals gehört und ging zum drittenmal zu seiner Basen, fraget die Rats, wie es ihm doch tun sollte. Nun wohlan, liebs Kind, sagt die Frau, so geh hin und nimm Hanfsamen, säe den vor dir anhin, darnach geh dem selbigen nach wieder heim!

Das gut Maidlein zoge abermals mit seiner Mutter und Schwester in den Wald und säet den Hanfsamen vor hin. Nun sagt die Mutter abermals, wie sie vor zweimal gesagt hatte: Annelein, such mir ein Laus! So muss das Gretlein Holz suchen.

Das arm Gretlein zohe hin und suchet Holz, gedacht dabei: Bin ich vor zweimal wieder heim kommen, so will ich das drittmal auch wieder heim kommen. Und als es das Holz gesucht und wieder an das Ort kam, da es sein Mutter gelassen, waren sie aber hinweg. Und als das arm Maidlein seinem Weg nach wollte heim gehn, da hatten die Vögel den Samen allensammen aufgefressen. Ach Gott, wer war trauriger denn das arm Maidlein! Den ganzen Tag im Wald umlief zu weinen und schreien und Gott sein Leid zu klagen, konnt kein Weg finden, dadurch es möchte aus dem Wald kommen, war auch in den Wald so fern hinein kommen, da ohne Zweifel nie kein Mensch gewesen. Als nun der Abend herzu kam und das arm verlassen Maidlein an aller Hilf verzweifelt hatte, stieg es auf ein sehr hohen Baum, zu besichtigen, ob es doch irgendein Stadt, Dorf oder Haus ersehen möcht, darein es ginge, damit es nicht also jämmerlich den wilden Tieren zur Speis gegeben würde. In solchem Umsehen begab sich, daß es ein kleins Räuchlein ersahe; stiege behend ab dem Baum und ging demselbigen Rauch zu und kame in wenig Stunden an das Ort, da denn der Rauch ausginge. Das war ein kleines Häuslein, darin niemand wohnet denn nur ein Erdkühlein.

Das Maidlein kam vors Türlein und klopfet an, begehrt, man sollte es einlassen. Das Erdkühlein antwort: Ich laß dich wahrlich nicht herein, verheißest mir denn, dein Lebtag bei mir zu bleiben und mich nimmermehr zu vermären und zu verraten! Das gelobt ihm das Maidlein, und alsbald ward es von dem Erdkühlein eingelassen. Und das Erdkühlein sagt: Wohlan, du darfst nichts tun, als mich des Abends und Morgens melken. Darnach issest du die selbig Milch von mir, so will ich dir Seiden und Sammet genug zutragen: darvon mach dir schöne Kleider, wie du sie begehrest! Gedenk aber und siehe, daß du mich nicht vermärest! Wann schon deine eigne Schwester zu dir kommt, so laß sie nicht herein, damit ich nicht verraten werd, daß ich an diesem End sei! Sonst hätt ich das Leben verloren. – Ging nach solchen Worten an sein Weide und brachte dem Maidlein des Abends, wann es heim kam, Seiden und Sammet, darvon sich das gut Gretlein so schön kleidet, daß es sich wohl einer Fürstin hätt vergleichen mögen.

Als sie nun bis in das ander Jahr also beieinander gewest waren, begab sich, daß dem größern Maidlein, so daheim blieben war und das jung Gretlein, sein Schwesterlein, ohn alle Schuld hatt helfen in das Elend verjagen, in Gedanken kam und gedenken warde, wie es doch seinem Schwesterlein gehen möchte, das sie hatt helfen ins Elend verjagen; kläglich anhub zu weinen und die große Untreu zu bedenken, die sie ihr ohn alle Schuld bewiesen hatt, in Summa in ein solchen Reuen kam, daß sie nicht mehr bleiben konnt oder mocht, sondern sehen wollt, ob sie doch irgendein Beinlein von ihrem Schwesterlein finden möcht, damit sie das selbige heim trüge und es in Ehren hielte.

Und eins Tags ging sie morgens früh hinaus in den Wald und suchte und trieb solch Suchen mit kläglichem Weinen so lang, bis sie sich im Wald ganz und gar vergangen und verirret hatt und nun die finster Nacht ihr auf dem Hals lag. Wer war da trauriger denn das Annelein? Da ward es gedenken, daß es solches wohl an seiner Schwester verdient hatte, kläglich weinet, Gott um Gnad und Verzeihung anrufet und bate. Doch war da nicht lang zu warten oder zu klagen, sondern stieg zunächst auf ein sehr hohen Baum, zu besichtigen, ob es doch irgendein Haus sehen möcht, darin es über Nacht bliebe, damit es nicht also jämmerlich von den wilden Tieren zerrissen würde. Und in solchem Umsehen ersahe es ein Rauch aus dem Häuslein gehn, darin sein Schwester war; von Stund an dem Haus zu nahet, nicht anders meinet, denn daß es eines Hirten oder Waldbruders Häuslein wäre.

Und als es zu dem Haus kam, klopfet es an; da es bald von seiner Schwester, wer da wäre, gefragt ward. Ei, sprach das Annelein, ich bin ein armes Maidlein und in dem Wald verirret und bitte, daß man mich durch Gottes Willen über Nacht behalte. Das Gretlein sahe durch ein Spältlein hinaus und erkannte, daß es sein untreue Schwester war; bald anhub und sprach: Wahrlich, liebs Maidlein, ich darf dich nicht herein lassen; denn es mir verboten ist. Wann sonst mein Herr käm und ich jemand Fremdes hätte einher gelassen, so würd er mich schlagen. Darum ziehe fort! Das arm Maidlein wollt sich nicht lassen abreden noch vertreiben, sondern mit Bitten seinem unerkannten Schwesterlein anlag, daß es ihm die Tür auftat und es hinein ließ.

Und als es hinein kam, erkannt es sein Schwester, fing an heiß zu weinen und Gott zu loben, daß es sie noch lebendig funden hatt, nieder auf seine Knie fiel und sie bat, daß sie ihm verzeihen sollt alles das, so es wider sie getan. Darnach sie freundlich bat, daß sie ihr doch sagen wollt, wer bei ihr wär, daß sie so schön und wohl gekleidet ginge. Das gut Gretlein, dem verboten war, zu sagen, bei wem es wäre, mancherlei Ausred erfand und hervor zohe; denn einmal sagt es, es wär bei einem Wolf, das andermal, bei einem Bären. Welches alles das Annelein nicht glauben wollt, dem Gretlein, seinem Schwesterlein, süß zuredet, ihr die Wahrheit zu sagen. Und das Maidlein auch (wie denn aller Weiber Brauch und Gewohnheit ist, daß sie mehr schwätzen, als ihnen befohlen ist) sehr kläffig war und zu seinem Schwesterlein sagt: Ich bin bei einem Erdkühlein. Aber lug, verrat mich nicht!

Als solches das Annelein höret, welches seiner Untreu an der Schwester noch kein Genügen getan hatt, bald sagt: Wohlan, führ mich wieder auf den rechten Weg, damit ich heim komme! Das tat das Gretlein bald. Und da mein guts Annelein heim kame, sagt es seiner Mutter, wie sie ihr Schwester bei einem Erdkühlein gefunden hätte und wie die so köstlich gekleidet ginge. Wohlan, sprach die Mutter, so wollen wir die zukünftig Wochen hinaus ziehen und das Erdkühlein samt dem Gretlein heim führen; so wollen wir das Kühlein metzgen und essen.

Alles das wußt das Erdkühlein wohl, und als es des Abends spät heim kam, sagt es weinend zum Maidlein: Ach, ach, mein allerliebsts Gretlein, was hast du getan, daß du dein falsche Schwester hast eingelassen und ihr gesagt, bei wem du bist? Und nun siehe, dein zernichte Mutter und Schwester werden die zukünftig Woche heraus kommen und mich und dich heim führen. Mich werden sie metzgen und essen, dich aber bei ihnen behalten, da du übler gehalten werden wirst denn vor nie.

Nach solchen Reden stellt sich das Erdkühlein so kläglich, daß das arm Maidlein anfing zu weinen und vor Traurigkeit vermeint zu sterben, sehr gereuen ward, daß es sein Schwester hatt eingelassen. Doch tröstet es das Erdkühlein und sprach: Nun wohlan, liebs Maidlein, dieweil es je geschehen ist, so kann es nicht wieder zurück getrieben werden. Darum tu ihm also: Wann mich der Metzger jetzt geschlagen hat, so stand und weine! Wann er dich dann fragt, was du willst, so sprich: Ich wollt gern meins Kühleins Schwanz. Den wird er dir geben. Wann du den hast, so fahe aber an zu weinen und begehr das ein Horn von mir! Wann du das selbig auch hast, so weine aber! Wann man dich dann fragt, was du willst, so sprich: Ich wollt gern meins Kühleins Schühlein. Wann du das hast, so geh hin und setz den Schwanz in die Erden, auf den Schwanz das Horn, und auf das Horn setz das Schühlein und geh nicht darzu bis an den dritten Tag! Und am dritten Tag wird ein Baum daraus worden sein; der selbig wird Sommer und Winter die schönsten Äpfel tragen, die ein Mann je gesehen hat. Und niemand wird sie können abbrechen denn du allein, und durch den selbigen Baum wirst du zu einer großen mächtigen Frauen werden.

Als man nun das Kühlein schlachtet, stund das Margaretlein und begehret die Ding alle, wie ihm sein Kühlein befohlen hatt, und die warden ihm auch geben. Und es ging hin, steckets in die Erden, und am dritten Tag war ein schöner Baum daraus gewachsen.

Nun begab sich, daß ein gewaltiger Herr vorbei ritte; der selbige führte sein Sohn mit ihm, der das Fieber oder kalt Wehe hatte. Und als der Sohn die schönen Äpfel sahe, sprach er: Mein Herr Vater, lassen mir Äpfel bringen von diesem Baum; mir ist, ich würde gesund darvon werden. Von Stund an rufet der Herr, man sollt ihm Äpfel bringen, er wollt sie teuer genug bezahlen.

Die älter Tochter ging zunächst zum Baum und wollte Äpfel darvon brechen. Da zogen sich die Äst allesammen in die Höhe, also daß sie keinen erlangen mocht. Da ruft sie der Mutter und sprach, sie sollte Äpfel abbrechen und sie dem Herren geben; als aber die arge Frau Äpfel abbrechen wollt, zogen sich die Äst noch viel höher auf. Der Herr hatt das alles wohl gesehen und verwundert sich heftig.

Und zuletzt kam das Margaretlein zum Baum, Äpfel zu brechen, zu dem sich die Äst neigten und es willig Äpfel abbrechen ließen; das verwundert den Herren noch viel mehr, und er meinet, sie wäre vielleicht eine heilige Frau, beruft sie und fraget sie des Wunders. Dem die gut Tochter die ganze Handlung, was sich ihrer Mutter, Schwester und des Erdkühleins halber verlaufen hatt, von Anfang bis zu End angezeiget.

Der Herr, als er die Sach vernommen hatt, fraget die Jungfrau, ob sie mit ihm darvon wollt. Das war die gut Tochter wohl zufrieden, grub ihren Baum aus und setzt sich samt ihrem Vater auf den Wagen zu dem Herren; von dem wurden sie freundlich und ehrlich empfangen, fuhren hin und ließen ihre schalkhaftige Mutter und Schwester sitzen.

Dieses Märchen stammt aus einer Sammlung deutscher Märchen vor Grimm, herausgegeben von A. Wesselski.[4] In ihm verdichten sich verschiedene Themen, die wir bei Grimm dann in eigenständigen Märchen erzählt vorfinden. Etwa: *Hänsel und Gretel; Aschenputtel; Einäuglein, Zweiäuglein, Dreiäuglein; Die drei Männlein im Walde.*

Zu Beginn des Märchens wird erzählt, dass ein guter armer Mann eine Frau und zwei Töchter hat, Annelein, das ältere Mädchen, und Margaretlein, das jüngere, und ehe die Töchter erwachsen sind, stirbt ihm die Frau, deshalb nimmt er eine andere. Die aber ist neidisch auf das kleinere Mädchen. »Sie warf einen Neid« auf sie, sagt das Märchen sehr treffend. Der Neid ist so groß, dass sie Margaretlein am liebsten tot gesehen hätte; das Mädchen selbst umzubringen, dünkte sie aber doch nicht gut. Und so verbündet sie sich mit dem Annelein, der älteren. Zu zweit neiden sie und suchen einen Weg, das kleinere Mädchen, das den Neid erregt, aus der Welt zu schaffen. Es ist eine Eigenart dieses Märchens, dass einerseits alles so süßlich beschrieben wird, andererseits eine ungeheure, unverstellte Brutalität vorherrscht.

Das Märchen nennt in seiner Ausgangssituation zwei Probleme: Der Vater wird als armer guter Mann beschrieben, dem die Frau stirbt. Wenn das Märchen ihn arm und gut nennt, dann will es wohl sagen, dass er ohne Verschulden arm ist. Im Märchen wird man arm genannt, wenn man mit der Natur nicht umgehen kann, so dass sie ihren Reichtum nicht hergibt. Etwas im Umgang mit der Natur ist falsch, wenn sie uns nicht an dem Reichtum, der in ihrem Wachsen und Wuchern ausgedrückt ist, teilhaben lässt. Insofern als der Mann arm ist, ist das Dunkle bereits konstelliert, das Sterben der Frau wohl ein Zeichen dafür, dass das Weibliche Schwierigkeit hatte, mitzuleben, dass sich im Bereich des Weiblichen etwas verändern muss. Zwar ersetzt die Stiefmutter die Mutter, aber jetzt tritt das zweite Problem in den Vordergrund, das indessen auf dem ersten Problem beruht: Sie ist so neidisch, dass sie das Mädchen, das ihren Neid erregt, töten will. Und wie mit solchen Regungen umgegangen werden kann, ist das Thema dieses Märchens.

Was ist wohl Besonderes an diesem Mädchen? In irgendeiner Form muss sie den Neid der Stiefmutter entfachen. Es können allerdings auch sehr eigentümliche Gaben und Eigenschaften Neid erregen, denken wir etwa daran, dass im Märchen *Einäuglein, Zweiäuglein, Dreiäuglein*, das eine gewisse Ähnlichkeit mit diesem Märchen aufweist, ausgerechnet Zweiäuglein den Neid erregt, weil sie nichts Besonderes an sich hat, sondern zwei Augen hat wie jeder Mensch. Sie erregt Neid, weil sie normal ist. Unser Märchen sagt nicht, was den Neid erregt: Ist das Margaretlein vielleicht dem Vater besonders verbunden? Der Vater scheint nicht in der Lage zu sein, bei diesen Auseinandersetzungen einzugreifen. Dass das Annelein in diese Neidhaltung mit einzubeziehen ist, leuchtet ein; da könnte Geschwisterneid eine Rolle spielen, ist sie doch als die Älteste und eine Zeit lang Einzige einmal vom Margaretlein, der später Geborenen, entthront worden.

Den Tod der Mutter zu Beginn des Märchens können wir auf verschiedene Weisen verstehen: Es kann der ganz reale Tod der Mutter damit gemeint sein – damit wäre der Mann noch mehr ein »armer« Mann, wie ihn das Märchen bezeichnet –, es kann aber auch so gesehen werden, dass die Mädchen in die Ablösephase von der Mutter kommen und diese als »Stiefmutter«, also als böse Mutter erleben müssen, um überhaupt von ihr wegzukommen, um selbstständig zu werden. Gegen diese Interpretation scheint zu sprechen, dass das ältere Mädchen sich mit der Mutter solidarisiert, sich also ganz und gar nicht ablöst, bis zum Ende des Märchens nicht. Allerdings ist für sie die Mutter auch keine Stiefmutter in dem Sinne, dass sie von der Mutter nicht akzeptiert würde. Damit kann auch ausgedrückt sein, dass in einer Familie, in der Harmonie um jeden Preis erhalten werden muss, in der also alle Aggressionen, die ja immer wieder für Abgrenzungen und Trennungserlebnisse sorgen, ausgeblendet werden, die Situation der Ablösung von den Eltern, hier vor allem von der Mutter, außerordentlich schwierig ist. So wird dem Kind und den Eltern die Gelegenheit genommen, den gegenseitigen Ablöseprozess schrittchenweise zu üben, samt der darauf wieder erfolgenden Annäherung.

Ablösung wird bei dieser Konstellation als brutal erlebt, als ein »Getötetwerden«. Andererseits besteht die Gefahr, dass man bei der Mutter bleibt, sich nie ablöst wie das Annelein. Insofern könnte sich hier auch noch ein drittes Problem in dieser Familienkonstellation zeigen und Annelein und Margaretlein als zwei verschiedene Wege dargestellt werden, wie dieser Ablösungsprozess bewältigt oder eben nicht bewältigt werden kann. Ich gehe also davon aus, dass wir eine Familie vor uns haben, in der die Aggression abgespalten wurde, die zu lieb war und die die Mutter verloren hat. Das Problem der Trennung, der Ablösung stellt sich. Der Vater ist wohl gutmütig, aber er bewirkt nichts. Eine neue Mutter kommt in die Familie, sie trägt das Problem des Neids in die Familie hinein. Das ist gar nicht so unüblich, wenn wir bedenken, dass sie vielleicht nicht ihretwegen geheiratet worden ist, sondern wegen der Kinder, dass die Kinder also dem Vater näher sein könnten, als sie es je sein kann. Neid einer neu in die Familie hereingeholten Person ist auch deshalb nicht unüblich, weil – gerade nach einem Todesfall – der Mensch, der ein »Ersatz« sein soll (statt eines Neuansatzes), oft mit der oder dem Verstorbenen verglichen wird. Er wird also nicht wirklich akzeptiert und schaut mit Neid auf diejenigen, die fraglos zur Familie gehören.

Wie gehen nun diese Familienmitglieder mit dem Neid um? Sie beschließen, das Margaretlein zu »verschicken«, es im Walde zu verlassen, damit es umkommt. Ein Umgang mit dem Neid also, bei dem der Neiderreger eliminiert werden soll.

Versetzen wir uns in dieses Mädchen, das vor der Stubentür steht und alles mit anhört. Welches Gefühl der Trostlosigkeit, der Verlassenheit, der Ungerechtigkeit muss sie empfinden. Sie ist ausgestoßen aus dem Familienverband, der Vater ist offenbar kein Vater, bei dem man sich Schutz holen könnte. Schutz kann sie aber bei der Gotte, der Patin, holen. Die Paten haben dann für die Kinder zu sorgen, wenn die leiblichen Eltern dazu nicht mehr imstande sind. An die Stelle der Patin tritt im Märchen manchmal eine alte Frau, die Rat weiß – ein Zeichen dafür, dass auch dann, wenn gar kein Rat, gar kein Trost mehr möglich scheint, immer wieder etwas in uns um Trost weiß, hier ein mütterlicher Aspekt im Margaretlein, oder vielleicht wirklich eine Patin. Zweimal gibt sie ihr auch einen guten Rat, das dritte Mal einen schlechten: Sägemehl und Spreu weisen den Weg, der Hanfsamen indessen wird natürlich von den Vögeln aufgepickt.

Der gute Rat führt hier wiederum in die alte Situation zurück, in eine Situation, in der Margaretlein nicht wirklich leben, sich auch nicht weiterentwickeln kann; der »schlechte Rat« indessen führt in die Entwicklung hinein. Natürlich kann man sich fragen, ob der Rat mit den Hanfkörnern so schlecht gewesen ist, einmal, weil er eben in die Entwicklung hineinführt, und Entwicklung ist im Märchen das schlechthin Wertvolle. Wenn man andererseits die Hanfkörner einmal symbolisch als Nahrung für Phantasien ansieht, könnte man den Rat auch so verstehen, Phantasien zu nähren, die wie Vögel wegfliegen, da hingehen, wohin sie wollen, zumindest aus dieser unerfreulichen Situation heraus. Die Patin hätte dann also den Rat gegeben, sich einer Phantasiewelt zu überlassen.

Zunächst aber gerät Margaretlein in die Verlassenheit im dichten Wald; sie läuft im Wald herum, schreit, weint, klagt Gott ihr Leid und weiß keinen Ausweg. Sie hat sich so weit verlaufen, wie noch keiner vor ihr, so dass bestimmt noch nie jemand so tief in diesen Wald hineingekommen ist.

Mit dieser Beschreibung zeigt das Märchen das Maß der Verzweiflung, die das Mädchen sich in die immer noch größere Dunkelheit hinein verirren lässt, ausgedrückt in dem dichten Wald, ausgedrückt im Abendwerden. An sich haben wir eine klassische Verlassenheitssituation vor uns: Kann man das zweimalige Nach-

Hause-Kommen noch sehen als eine Reaktion des »Das darf doch nicht wahr sein!«, ist nun die Verlassenheit nicht mehr zu verleugnen. Da brechen alle Emotionen des Verlassenseins auf, verbunden mit dem Gefühl, nie mehr mit jemandem zusammentreffen zu können, nie mehr einen Menschen sehen zu können. Am Tiefpunkt ihrer Verzweiflung fällt ihr ein, sie könnte auf einen Baum klettern, um sich zu orientieren. Das scheint mir bemerkenswert: Zunächst ist das die erste selbstständige Idee des Mädchens, eine Aktivität, die von einem aufblitzenden Hoffnungsschimmer begleitet ist. Das ist typisch für Märchenprozesse: Ist das Dunkle ausgeschritten, ist der Märchenheld oder die Märchenheldin am Tiefpunkt der Verzweiflung, dann setzt eine Gegenbewegung ein, dann kommt plötzlich ein rettender Einfall. Das entspricht wohl einem Lebensgesetz.

Margaretlein klettert also auf einen Baum, sie verschafft sich Übersicht, sie kann sich um-sehen, bekommt Um-Sicht. Und das hilft nun wirklich: eine Anstrengung auf sich zu nehmen, um die Situation überschauen zu können. Und sie sieht Rauch und hat die Intuition, dass da der Weg weitergehen muss. Wo Rauch ist, da ist Feuer – dem vertraut sie. Dieses Bild des Märchens ist vergleichbar einer Verlassenheitssituation, in der der Verlassene, nachdem er tief in der Depression war, sich plötzlich sagt, es müsse doch noch etwas geben, wo er sich besser fühlen könnte, und intuitiv erfasst, wo für ihn noch ein Feuer brennt, wo Wärme zu holen ist. Diese Phase ist oft recht euphorisch enthusiastisch, bewirkt aber, dass dieser Mensch wieder eine Zukunft, eine Hoffnung hat. Dieses Belebtsein drückt das Märchen aus, indem es Margaretlein behände vom Baum steigen und sie schon in wenigen Stunden zu dem Ort kommen lässt, wo der Rauch aufsteigt.

Wo gelangt sie nun hin? Zu einem Erdkühlein. Was können wir uns unter einem Erdkühlein vorstellen? Kühe geben entweder Milch oder gebären Kälber, sie sind daher ein Symbol für das Nährende und das Fruchtbare schlechthin – Milch ist ja auch ein Grundnahrungsmittel. Indem Kühe Wärme spenden, im Kuhstall eben »Stallwärme« verbreiten, Ruhe ausstrahlen, die auch als Sturheit bezeichnet werden kann, sind sie Symbol für eine Atmosphäre von Geborgenheit. Die ägyptische Göttin Nut wird als Himmelskuh dargestellt. Sie gibt den Regen, sie macht die Erde (Geb) fruchtbar, sie nimmt aber auch die Toten auf und nährt diese mit ihrer Milch. Hathor, auch sie kuhköpfig dargestellt in einer späteren

Periode der ägyptischen Mythologie, ist Göttin der Frauen, der Fruchtbarkeit der Frauen, der Liebe, der Lustbarkeit, ist Frühlingsgöttin und Todesgöttin. Die Kuh wird mit der Muttergöttin in Zusammenhang gebracht, vor allem in ihrem nährenden, fruchtbaren und Geborgenheit spendenden Aspekt. Sie ist aber auch immer erdverbunden durch ihre Schwere. Nun wird diese Erdverbundenheit in unserem Märchen durch den Namen »Erd-Kühlein« noch besonders betont.

Wird damit suggeriert, dass diese Kuh auch wieder in die Erde muss und aus der Erde kommt? Oder aber dass sie auch die Erde verkörpert, auf der dieses Mädchen stehen kann, in der sie wachsen kann. Zwei Symbole der Großen Mutter kommen hier zusammen: die Erde als tragender Grund allen Lebens und die Kuh als Nahrung spendendes, Fruchtbarkeit bringendes Prinzip des Lebens. Es gibt Interpretationen, in dieser Kuh die verstorbene Mutter des Mädchens zu sehen. Mir ist das etwas zu konkret. So oder so: Wenn die reale Muttergestalt an Wirksamkeit verliert, dann trägt und stört das archetypisch Mütterliche, hier ausgedrückt in der Erdkuh. Wie dieses archetypisch Mütterliche auftritt, hat wesentlich damit zu tun, wie die eigene Mutter den Mutterarchetyp evoziert hat, wie die eigene Mutter oder das Mütterliche im Vater das Bild des Mütterlichen im Kind und das Vertrauen ins Mütterliche geweckt hat. In einer Ablösesituation wird sich jeder Mensch auf dieses archetypisch Mütterliche zurückziehen.

Wie definiert sich nun aber dieses Erdkühlein selbst? »Ich lass dich nicht herein, du verheißest mir denn, dein Lebtag bei mir zu bleiben, nichts von mir zu erzählen und mich nicht zu verraten.« Wollte die Stiefmutter sie um jeden Preis loswerden, dann haben wir hier ein Mütterliches, das das Margaretlein um jeden Preis behalten will. Das Erdkühlein bietet Geborgenheit und Nahrung und schöne Kleidung, die ihrerseits wieder recht viel mit Geborgenheit zu tun haben könnte, sind es doch Kleider aus Samt und Seide, und das sind Stoffe, die sehr weich, sehr schmeichelnd sind, dem Körper das Gefühl von Geborgenheit vermitteln. Die Geborgenheit ist aber auch eine Abgeschlossenheit und kann zur Enge werden; ein Ausschließlichkeitsanspruch kommt vom Erdkühlein, der natürlich auch Sicherheit gibt. – Wir wissen jetzt schon, dass das Margaretlein eines Tages diese Idylle verraten muss, damit das Leben weitergehen kann.

Diese Phase beim Erdkühlein, das zudem noch in einem kleinen Häuslein wohnt, das man vielleicht auch als Höhle auffassen kann, um alle diese beschützenden, umschließenden, dann auch irgendwann einengenden Symbole des Mütterlichen zu sammeln, kann man als Inkubationsphase auffassen, als Phase des Nachreifens oder als Phase des Reifens überhaupt, in der Margaretlein sich eben nochmals nähren lässt, um dann die Ablösephase wirklich durchzustehen.

Der Aufenthalt beim Erdkühlein ist mehr als der Ausdruck für eine Wiederannäherungsphase, die wir bei jedem Ablöseprozess kennen und die dann einsetzt, wenn wir über die Trennung und unsere neugewonnene Autonomie erschrecken und nochmals in die alte Abhängigkeit flüchten, um uns dann in einem nächsten Anlauf zu trennen. Margaretlein hat ja auch ein spezielles Ablöseproblem, wird sie doch eigentlich verlassen, zunächst von der persönlichen Mutter, dann von der Stiefmutter und in gewissem Sinn auch von der Patin. Vielleicht wird sie verlassen, weil sie selber nicht zur rechten Zeit geht; vielleicht, weil in einer Situation, in der Harmonie so wichtig genommen wird, Trennung kein Thema ist.

Bei einem realen Kind, das in einer Familie lebt, in der es ausgestoßen wird, sei das nun durch Neid oder dadurch, dass die Eltern keine Beziehung zu ihm aufnehmen können, käme wohl, nach einer Phase der großen Unruhe, der Depression, auch eine Phase des Rückzugs in lebendige, nährende Phantasien, die sehr getrennt gehalten werden vom alltäglichen Leben. Diese Phantasien dürften um Geborgenheit, aber auch um Schönheit und Zärtlichkeit kreisen und dem Kind eine große Befriedigung geben. – Mit dieser Phase beim Erdkühlein dürfte ein Rückzug in ein lebendiges, nährendes Phantasiegebilde, das von der übrigen Welt sorgfältig abgeschlossen wird, dargestellt sein. Dieser Rückzug ist mit der Inkubationszeit für eine Persönlichkeitsentwicklung, die ich als schöpferischen Prozess verstehe, gleichzusetzen.

Irgendwann wird die Schwester von Reue gepackt. Wir können die Schwester als wirkliche Schwester auffassen, die sich nun ihrer Schwester, die zurückgezogen, abgeschlossen, wohl etwas geheimnistuerisch lebt, nähern will, vielleicht weil es ihr wirklich leidtut, dass sie sie so ausgestoßen hat. Wir können die Schwester aber ebenso als Seite in Margaretlein sehen – wenn wir wiederum ernst nehmen, dass wir unsere ganze Familie ja auch sind, und dann könnte diese Schwester die Phantasie, andere neidisch zu machen, verkörpern. Denn wenn man schon in Samt und Seide geht wie eine Fürstin, dann ist es doch eigentlich schade, wenn das niemand sieht. Wenn diese Familie so sehr vom Neid geprägt ist, dann wäre es noch naheliegend, dass Margaretlein dabei natürlich auch nicht verschont wird und dass sie nicht nur gesehen werden will, sondern dass die anderen dabei ruhig neidisch werden sollen. – Wir wissen, wenn sie ihrer Schwester das Geheimnis verrät, so muss das Erdkühlein geopfert werden. Im Moment, in dem man eine solche Phantasiewelt für irgendjemanden öffnet, ist es nicht mehr dieselbe Welt, dann ist sie schon geopfert. Im Moment, wo Margaretlein sich dem Neidschatten öffnet, da ist sie schon gar nicht mehr in dieser unschuldigen Welt des Erdkühleins, da ist sie auf Mitmenschen bezogen. Aber das Erdkühlein ist nicht ganz verloren, es muss sich bloß wandeln. Die Wandlung wurde also durch das Einbrechen des Schattens in die Wege geleitet.

Das Erdkühlein selbst hat dem Mädchen noch gesagt, wie es erhalten bleibt: Schwanz, Horn und Schuh soll sie sich erbitten und in die Erde eingraben. Mit Schwanz, Horn und Schuh greifen Kühe an und verteidigen sich, sie könnten also für die Haltung des Sich-Wehrens, des Sich-nicht-unterkriegen-Lassens stehen. Im Volksglauben liegt die Essenz einer Kuh und eines Wesens überhaupt in Knochen und Horn. (Daher der Reliquienglaube.) Das Erdkühlein sagt dem Margaretlein aber auch, dass sie »übler gehalten werde denn je«. Das Margaretlein weiß, dass dieses Opfern der Erdkühlein-Welt eine schwierige Zeit für sie werden wird. Sie muss sich ja nun wieder ablösen von dieser Phase, in der sie sich mit ihrer Erdkühlein-Phantasie so wohl gefühlt hat. Und auch wenn wir es als entscheidende Wandlung in Richtung auf das Leben hin wahrnehmen, ist die Phase der Wandlung immer eine sehr schwierige Phase der Zerrissenheit, der Fragmentierung. Das ist Grund genug zum Weinen. Nehmen wir an, das Margaretlein lebt in einer Familie, die von Neid geprägt ist, die Schwester hat sich ihr angenähert, und das Margaretlein hat ihr Geheimnis verraten, da müssten doch Neid und Spott einsetzen, müsste sie hochmütig gescholten werden, wäre gekränkt und hätte doch keine Rückzugsmöglichkeit mehr.

Eine junge Frau, die eine ältere Schwester, aber keine Brüder hat, die das Gefühl nie losbekam, von ihrer Mutter nicht geliebt zu werden, hatte als Kind ein Gespräch zwischen ihrer Mutter und ihrer Schwester belauscht, in dem die Schwester die Mutter fragte, ob man sie, die jüngere Schwester, denn nicht in ein Heim geben könne. Ihre Mutter habe darauf ausweichend geantwortet. Auf jeden Fall aber sei sie sich selbst ungeheuer ausgestoßen und allein vorgekommen und habe sich vorgenommen, jetzt selbstständig zu werden. Sie war damals etwa zehn Jahre alt. Dieses Selbstständigwerden ging so vor sich, dass sie sich in einem verlassenen Schober einen Verschlag einrichtete und alles, was schön und weich und warm war, dorthin brachte: Früchte, Vorräte, warme Decken usw. Dort verbrachte sie einen großen Teil des Tages und phantasierte. Sie phantasierte sich als erwachsene Frau, ihren Prinzen, aber auch eine tolle Berufstätigkeit, die sie immer wieder veränderte, sie phantasierte wunderbare Kleider usw. Sie fühlte sich ungeheuer selbstständig und wohl und war ganz überzeugt, etwas zu haben, das sonst kein Mensch auf der Welt hatte. Ihr Geheimnis hütete sie zunächst eifersüchtig. Durch ihre Schober-Welt bekam sie große Distanz zu Mutter und Schwester, weniger zum Vater, den sie im Verdacht hatte, in seinem Büro auch eine Art Schober-Welt zu haben. Zunächst wurde sie von Mutter und Schwester nicht beachtet, dann fing sie an, sehr viel selbstbewusster zu werden, und daraufhin begann die Schwester, sich für sie zu interessieren. Sie selber hatte durch die große Distanz zu Mutter und Schwester auch das Bedürfnis, sich ihnen wieder näher anzuschließen, und eines Tages zeigte sie der Schwester den Verschlag im Schober. Damit aber war er für sie erledigt, sie ging nie mehr hin, vergaß ihn aber nicht; allerdings war sie auch von der Schwester sehr ausgelacht worden, und das bewirkte, dass sie sich von ihr abwandte, zumindest für einige Zeit, und sich anderen Menschen zuwendete. Sie ist überzeugt davon, dass diese Schober-Welt für sie ungeheuer wichtig war.

Jeder von uns hat wohl eine solche Schober-Welt, jede Ablösung scheint diese Phase zu haben, wo der Rückzug zu den nährenden Phantasien wichtig wird, wenn man diese zulassen kann. Im Märchen weiß Margaretlein aber nicht nur, dass es ihr übler ergehen wird als je zuvor, sie weiß auch, dass aus Schwanz, Horn und Schuh ein Baum wachsen wird und dass sie durch den Baum eine »mächtige« Frau werden wird. Die Phantasie war also so nährend, dass sie durch sie eine Vision ihrer selbst und ihrer Zukunft bekam, weit über die Phase des Verlustes und der Fragmentierung hinaus. Der

Baum wird auch Früchte tragen – im Sommer und im Winter; er wird ein außerordentlich fruchtbarer Baum sein.

Das Märchen zeigt klar die Parallele zwischen ihrem Baum und ihrem Frausein. Der Baum wird ja oft mit dem Menschen verglichen; er steht aufrecht wie der Mensch, wächst, vergeht, trägt Früchte, verliert sie usw. Der Baum wird aber auch oft zur Darstellung des ganzen Lebens gebraucht, besonders auch in Verbindung von Erde und Himmel als Weltenbaum oder Lebensbaum. Ihr Baum steht für ihre einmalige Persönlichkeit, ihr Stehen und Wachsen in der Welt, mit niemand anderem vergleichbar, mit ihren Entwicklungsmöglichkeiten und ihrer Fruchtbarkeit (Äpfel), aber auch mit ihren erotischen Möglichkeiten. Äpfel sind einerseits ein altes Fruchtbarkeitssymbol, aber auch ein Liebessymbol und daher ein Symbol der ewigen Jugend oder der Unsterblichkeit, denn in der Liebe bleiben wir ewig jung.

Und schon bald kommt jemand, der von diesen Äpfeln haben will: ein gewaltiger Herr, der auch seinen Sohn mitbringt, dem jedoch vorerst »etwas fehlt«, der Fieber oder »kalte Wehe« hat. Dieser Sohn sagt deutlich, was er braucht: er braucht Äpfel, er braucht Eros, er braucht Wärme, dann vergeht sein Fieber. Auch hier wird sichtbar, dass immer dann, wenn im Bereich des Weiblichen eine Entwicklung gestört ist, auch das Männliche vom Problem mit betroffen ist. Hatten wir zu Beginn des Märchens diesen unbedeutenden Vater, dann jetzt den mächtigen Herrn, der aber einen kranken Sohn hat, der wohl seinerseits auch mit seiner Ablösung Schwierigkeiten hat. Noch einmal wird deutlich, dass nur das Margaretlein mit ihrem Baum umgehen kann. Wenn Schwester oder Mutter einen Apfel pflücken wollen, dann zieht der Baum die Äste hoch. Und nur mit den Äpfeln dieses Baumes kann der Sohn des gewaltigen Herrn gesund gemacht werden. In der Übergabe der Äpfel ist auch die Liebesbeziehung zu diesem jungen Mann angedeutet.

Margaretlein zieht mit diesen Männern weg, nachdem sie ihnen ihre Geschichte erzählt hat. Wie oft im Märchen ist es hier wichtig, dass sie ihre Geschichte noch einmal vor jemandem ausbreiten und damit auch sich selbst noch einmal erklären kann, was ihr eigentlich geschehen ist; dann erst kann sie weggehen. Aber wundern wir uns nicht ein wenig, dass sie nicht nur den Baum ausgräbt und mitnimmt, sondern auch noch den Vater? Unsere Vermutung zu Beginn der Interpretation, dass sie wohl eine besonders enge Beziehung zum Vater gehabt haben dürfte und damit den Neid erregte, könnte wohl stimmen. Die neidische Schwester und die neidische Mutter bleiben zurück. Sie haben Margaretlein in eine große Verzweiflung, damit aber auch in eine große Entwicklung gestürzt: durch ihren Neid. Er sollte sich zwar ihrer Ansicht nach destruktiv auswirken, hat nun aber bewirkt, dass Margaretlein sich von Mutter und Schwester trennen und ihren eigenen Weg finden musste und so gereift ist, dass nun vielleicht wirklich Grund zum Neidischsein bestände, bedenkt man, wie ungewandelt die Mutter und das Annelein in ihrem giftigen Neid noch immer leben. Sie haben damit etwas in Gang gesetzt, was Neider unfreiwillig immer tun: Neider phantasieren oft bestehende Möglichkeiten für jemanden, der diese selber noch gar nicht sieht, und bekämpfen sie bereits. Dadurch entsteht ein Anreiz, diese besten Möglichkeiten auch zu verwirklichen.

Nicht jeder erregt Neid. Der Neiderregende muss etwas an sich haben, was über das Gewöhnliche hinausgeht, etwas Besonderes, und er bildet auch für andere den Anstoß, etwas Besonderes im eigenen Leben zu erfüllen. Neiderreger, die dadurch neidisch machen, dass sie ihren Baum gefunden haben und ihn gegen keinen anderen austauschen wollen, die ihn lieben mit seinen Wunden, Verknorzungen, toten Ästen, mit der ihm eigentümlichen Schönheit und den Früchten, die zu ihm gehören, könnten zugleich anstiften, den eigenen Baum zu suchen und zu lieben, so wie er halt ist. Mutter und Schwester im Märchen haben diese Chance nicht wahrgenommen, die sich ihnen geboten hat, als sie den Neid spürten. Sie hätten ihren Neid als Anruf an sich selbst verstehen können, Anruf in dem Sinne, ihr Potential stärker zu entfalten. Sie haben es vorgezogen, in ihrem Neid destruktiv zu werden, verbohrt. Sie sind bis zum Ende des Märchens neidisch geblieben. Das Märchen legt einem nahe, die Neider, die einen nicht mehr zu großen Veränderungen und Entwicklungen anstacheln können, weil der Baum ja da ist, schließlich zu verlassen. Weil man jetzt aus sich und für sich selbst tut, was not-wendig ist, weil man Äpfel hat, die andere mögen, weil man lieben kann, Liebe schenken kann, also reich ist, kann man diese Neider hinter sich lassen, sie sich selbst überlassen.

Wenn es für jemanden evident ist, dass er den ganz eigenen Lebensweg geht, dass er seinen eigenen Lebensbaum gefunden hat, um mit den Worten des Märchens zu sprechen, und dadurch reich und fruchtbar geworden ist, dann ist der Neid nicht mehr nötig, dann hat dieser Mensch ihn überwachsen. Neid ist ja auch immer der Wunsch, ein anderer zu sein, als man ist, ein Schielen danach, ob ein anderer Baum womöglich nicht doch noch schöner sein könnte als der eigene.

Das Märchen gibt uns am Schluss den Eindruck, dass hier ein wichtiger Entwicklungsschritt gelungen ist; die Ablösung von Mutter und Schwester, die unter der Dominanz des destruktiven Neids stehen, ist erfolgt. Das kann man wiederum intrapsychisch sehen: Es geht dann um das von der Mutter Geprägte in der eigenen Persönlichkeit, das dazu neigt, dem Lebendigen mit einer Neidhaltung zu begegnen, das auch einen Neidschatten, die Schwester, kreiert hat. Das Margaretlein ist dann als das Ego zu sehen, das sich von der Dominanz des Mütterlichen und Schwesterlichen in diesem Neidaspekt ablösen muss und kann.

Die Ablösung vom Vater und vom Väterlichen steht noch aus, dürfte als Nächstes in Angriff zu nehmen sein. Bei diesem Entwicklungsgang hat das Margaretlein den Reichtum der Natur wieder ins Leben hereingeholt, wie er sich darstellt im Erdkühlein und dann in dem Baum, der daraus wird. Die Probleme des Neides und der Destruktion – Neid ist ja eine besondere Form der Aggression, die sehr leicht destruktiv werden kann – sind zuletzt überwachsen: All dies geschieht in der Ablösung, die in diesem Märchen so eindrücklich als schöpferischer Prozess gezeigt wird, ohne dass dabei verschwiegen würde, welche Schmerzen, welche Einsamkeit, welche Trauer damit verbunden sein können und ausgehalten werden müssen.

Rothaarig-Grünäugig

Ein Weg aus der symbiotischen Vaterbindung

Es war einmal ein Kaufmann. Eines Tages sagte er zu seinem Sohn: »Mein Junge, wenn ich sterbe, so nimm keinesfalls ›Rothaarig-Grünäugig‹ in deine Dienste!« Die Zeit ging dahin, und der Vater verlor das Licht beider Augen. Er sagte: »Mein Sohn, geh und besorge dir einen Diener, damit ihr zusammen das Geschäft fortsetzen könnt; du kannst dann hingehen und Handel treiben!«

Der junge Mann ging in die Stadt; auf dem Wege sah er zwei Männer, die einen Leichnam aus einem Hause geworfen hatten und ihn schlugen. Sie sagten: »Er schuldete uns Geld und zahlte es nicht zurück. Nun ist er dahin und tot, und wir schlagen ihn wegen jener Schuld.« Der junge Mann sagte: »Wenn ich seine Schulden bezahle, werdet ihr ihn dann in Ruhe lassen?« »So sei es«, sagten sie.

Er bezahlte ihnen die Schuld und begrub den Leichnam, warf Erde auf ihn und ging seines Weges. Danach ging er in die Stadt und wanderte bis zum Abend herum, ohne dass er einen Diener fand; so ging er wieder nach Hause.

Am nächsten Tag sah er einen Mann kommen, der vor ihm stehen blieb und sagte: »Herr, brauchst du einen Diener?« »Ja«, sagte er.

Der junge Mann sah, dass es Rothaarig-Grünäugig war, und sagte: »Tut mir leid, ich brauche dich nicht.«

Auch an diesem Tag wanderte er herum und kam heim und erzählte seinem Vater, was geschehen war. Sein Vater sagte: »Geh morgen in die Stadt und sieh zu, dass du einen Diener findest.« Er ging in die Stadt, und wieder kam Rothaarig-Grünäugig zu ihm. Er nahm Rothaarig-Grünäugig mit und brachte ihn heim und sagte zu seinem Vater: »Ich bin überall herumgewandert, aber nirgends ist ein Mann zu haben, so nahm ich Rothaarig-Grünäugig mit.« »Nun«, sagte sein Vater, »wenn du ihn mitgebracht hast, sei es so.« Der junge Mann stand auf und traf seine Vorbereitungen, packte seine Ware und brach mit seinem Diener auf. Wenn sie rasteten, machte der Diener Tee für seinen Herrn, sah nach den Tieren, machte das Bett für seinen Herrn und zog das Schwert zum Bewachen der Waren.

Sie gingen dahin und kamen an eine Kreuzung. Der Junge sah einen alten Mann dort stehen, er grüßte ihn und sagte: »Alter Mann, wir gehen nach Damaskus. Hier sind drei Straßen; welches ist die nach Damaskus?«

Er sagte: »Euer Ehren, alle drei Straßen führen nach Damaskus. Auf dieser Straße braucht man sechs Monate und kommt heil und gesund an. Auf dieser Straße braucht man vier Monate, und manche kommen nicht zurück. Auf dieser Straße braucht man zwei Monate, aber niemand, der sie ging, ist jemals zurückgekommen!« Der Herr sagte: »Diener, wir werden die Sechs-Monate-Straße nehmen!«

Rothaarig-Grünäugig sagte: »Nein, wir werden die Zwei-Monate-Straße nehmen!« Der junge Mann sagte: »O weh! Mein Vater sagte, ich sollte Rothaarig-Grünäugig nicht zum Diener nehmen, aber ich befolgte seinen Rat nicht.«

Er wurde mit seinem Diener, der seinen eigenen Kopf hatte, einfach nicht fertig, und sie nahmen den Zwei-Monate-Weg. Sie gingen zwei Tagereisen und ruhten sich am Abend aus. Rothaarig-Grünäugig lud die Tiere ab, bereitete das Essen seines Herrn und machte sein Bett; dann zog er sein Schwert und patrouillierte um die Waren herum.

Ein Teil der Nacht war vergangen, als er ihren Hund bellen hörte. Er sah, dass ein Drache zu ihrem Zelt gekommen war. Der Drache schrie: »Dachshund, warum tötet dich niemand und nimmt dein Gehirn heraus? Wenn ein Blinder es auf seine Augen legt, wird er geheilt sein.«

Der Dachshund schrie auch, er sagte: »Drache, warum tötet dich niemand und zermalmt deinen Schädel? Wenn ein Mann sieben Jahre räudig war und dein Gehirn auf seinen Leib legt, wird er geheilt sein!« Rothaarig-Grünäugig hob sein Schwert und ging auf den Drachen los. Mit einem Schlag ließ er seinen Kopf fliegen. Er schnitt ihm den Kopf ab und brachte ihn herbei, legte ihn in eine Kaste und schloss sie zu und brachte sie zu den Waren.

Der Grund, warum die Leute, die auf dieser Straße gingen, niemals wiederkamen, war dieser Drache.

Der Tag brach an, er lud die Waren auf und rief seinen Herrn. Der Herr stieg auf und ritt voraus, der Diener folgte. Sie ritten immer weiter und kamen nach Damaskus. Dort nahmen sie sich ein Zimmer und verkauften von da aus ihre Waren.

Eines Tages hörten sie einen Ausrufer schreien: »Der König hat Rheumatismus, wer ihn heilt, dem wird der König geben, was immer auf der Welt er sich wünscht.«

Rothaarig-Grünäugig sagte: »Herr, du wirst sagen, dass du ihn heilen kannst.«

Sein Herr sagte: »Bursche, was weiß ich von Medizinen? Wann habe ich so etwas schon gemacht?«

Er sagte: »Ich sage dir: du wirst das sagen oder ich werde mein Schwert nehmen und dich in zwei Stücke hauen.«

Sein Herr fürchtete sich vor Rothaarig-Grünäugig, so sagte er aus Angst: »Ich werde ihn heilen.«

Der Ausrufer ging und meldete dem König: »In der-und-der Straße ist ein Kaufmann, der sagt, er kann den König heilen.« Der König sagte: »Burschen, geht und schafft ihn her.« Ein Diener ging und bat den Kaufmann, zum König zu kommen. Rothaarig-Grünäugig rief seinen Herrn und sagte: »Nimm diesen Drachenkopf und lass ihn in einen Mörser tun und gut zerstampfen. Nimm eine Rolle ungebleichten Kattuns und streue den Kopf ganz und gar darauf. Zieh den König aus und hülle seinen Leib in das Baumwolltuch; lass ihn vierundzwanzig Stunden darinbleiben, dann nimm es ab.«

Sein Herr ging und tat, was sein Diener ihm gesagt hatte. Als der Tag um war, nahmen sie die Umhüllung ab. Der König war so gesund geworden wie an dem Tage, als er seiner Mutter Hemdensaum verließ.

Der König schickte nach dem Kaufmann und sagte: »Komm her; bitte mich um was immer auf der Welt du dir wünschst.« Der junge Mann sagte: »Eure Majestät zu dienen, ich brauche nichts. Ich bin reich an Besitztum. Wenn es Euch aber gefällt, mich zu belohnen, so gebt mir Eure Tochter.«

Der König sagte: »Mein lieber junger Mann, wollte Gott, du hättest mich um etwas anderes auf der Welt gebeten, aber nicht um dies. Für die Guttat, die du mir erwiesen hast – wie kann ich dir dafür meine Tochter geben? Mein lieber junger Mann, bis heute habe ich meine Tochter schon dreimal verheiratet: jedes Mal hat die Ehe nur eine Nacht gedauert; am nächsten Morgen war jeder Bräutigam gestorben.«

Er sagte: »Nun, Majestät, lasst sie tot sein, aber gebt mir Eure Tochter.« Der König gab ihm seine Tochter.

An jenem Abend machten sie in einem Zimmer ein Bett für sie. Rothaarig-Grünäugig zog sein Schwert, und als der junge Mann und das Mädchen schlafen gingen, stellte er sich zu ihren Häupten auf. Er sah, wie die beiden Zöpfe des Mädchens zu zittern begannen. Sie zuckten hin und her und verwandelten sich in eine Schlange. Aber als sie sich um den Hals des Bräutigams ringelte, um ihn zu erwürgen, schlug Rothaarig-Grünäugig mit seinem Schwert ihren Kopf ab. Der König schlief in dieser Nacht nicht bis zum Morgen. Er sagte: »O Gott, dieser junge Mann hat mir solche Guttat erwiesen, mir ein neues Leben gegeben; lass ihn morgen am Leben sein!«

Am nächsten Morgen bei Anbruch der Dämmerung schickte er Leute hin und sagte: »Geht und beruhigt mich.«

Die Männer brachten dem König diese Nachricht: »Wir bringen dir gute Botschaft, dein Schwiegersohn ist wohl und munter.«

Der König stand auf und gab ein großes Fest, es dauerte sieben Tage und sieben Nächte. Er ließ zweimal so viel Waren, wie der junge Mann hatte, zusammenbringen und gab sie ihm, indem er sagte: »Du warst sehr willkommen; nun geh deiner Wege.«

Rothaarig-Grünäugig folgte seinem Herrn und dessen Braut; er ließ die Waren hinter sich hertragen. Gingen sie nun einen langen Weg oder einen kurzen – sie gingen, bis sie in die Nähe ihrer eigenen Stadt kamen, mitsamt ihren Waren. Rothaarig-Grünäugig sagte: »Herr, du weißt, dass all dies mein Besitztum ist.«

Sein Herr sagte: »Ja.«

Er sagte: »Lass es uns gerecht teilen.«

Sein Herr sagte: »Wie du willst.«

Rothaarig-Grünäugig ging hin und teilte ihren ganzen Besitz in zwei Teile. Dann sagte er: »Herr, ist noch etwas übrig?«

»Nein«, sagte er, »was soll noch übrig sein?«

Er sagte: »Unser Dachshund ist noch übrig.«

Sein Herr sagte: »Lass ihn entweder dir gehören oder mir.«

»Nein«, sagte er, »wir werden teilen.«

»Um Gottes willen«, sagte er, »du kannst ihn haben, was soll er mir?« Rothaarig-Grünäugig sagte: »Nein, es geht um das Recht; ich werde ihn spalten.«

Er zog sein Schwert und schlug den Dachshund der Länge nach in zwei Teile. »Da«, sagte er, »Herr, nimm dir welche Hälfte immer du magst.«

Sein Herr sagte: »Du weißt es am besten; es ist bei dir und bei deinem Gott.«

»Recht so«, sagte er. »Dies ist für dich, und dies ist für mich. Ist noch etwas anderes übrig, Herr?« »Es ist nichts übrig«, sagte er. »O doch«, sagte er. »Dein Weib ist noch übrig!« Sein Herr war verzweifelt. »Um Gottes willen«, sagte er, »lass es entweder dein Weib sein oder meines.«

»Nein«, sagte Rothaarig-Grünäugig, »ich verlange Gerechtigkeit. Ich werde sie in zwei Stücke schneiden, eines für mich, eines für dich.« Sein Herr schrie: »Um Gottes willen, wie kannst du sie in zwei Stücke schneiden?«

Rothaarig-Grünäugig zog sein Schwert und stand über dem Mädchen. Das Mädchen kreischte vor Schrecken. Als es so kreischte, kamen zwei Schlangen aus seinen Nasenlöchern.

Der Diener ging auf sie beide los und tötete beide. »Herr«, sagte er, »diese beiden Schlangen waren das Werk deiner Braut. Sie hätten auch dir Schaden tun können. Nun ist dein Weib vor mir sicher. Nimm nun den Kopf des Dachshundes, trage ihn heim. Dann zerstampfe ihn gut und lege etwas davon auf die Augen deines Vaters, und sie werden geheilt werden. Ich sterbe jetzt hier; ich bin jener Mann, dessen Leichnam du vor den Männern gerettet hast. Ich bat Gott, mir noch drei Monate Lebensfrist zu gewähren, damit ich dir deine Freundlichkeit vergelten könnte. Nun muss ich sterben; begrabe mich hier, und Gott beschütze deinen Weg.«

Rothaarig-Grünäugig starb auf der Stelle. Sie legten ihn in die Erde, und der Kaufmann nahm seine Waren und sein Weib und ging heim. Er heilte die Augen seines Vaters und sagte ihm, wie Rothaarig-Grünäugig seinem Herrn nur Gutes erwiesen hatte. Sie gingen hin, ihre Wünsche wurden aufs Beste erfüllt. Mögen auch deine Wünsche aufs Beste erfüllt werden!

Dieses Märchen[5] stammt aus Kurdistan. Es beginnt mit einem Kaufmann und seinem Sohn. Frauen scheint es in diesem Haushalt keine zu geben, und wenn es sie gäbe, dann sind sie so unwichtig, dass sie nicht einmal erwähnenswert sind.

Der Vater plant das Leben für den Sohn über seinen Tod hinaus. Er kann ihn also nicht in die Autonomie hinein freigeben – es besteht eine Art von symbiotischer Situation. Der Vater stirbt nun ja auch nicht, er wird »nur« blind. Diese Blindheit könnte bedeuten, dass er nicht sieht, welche Bedeutung Rothaarig-Grünäugig für seinen Sohn und für seine Zukunft haben könnte. Blind werden bedeutet, dass die Sicht verloren geht, dass Perspektiven nicht mehr einbezogen werden können: Erinnerungsbilder sind noch vorhanden, aber neue Bilder können nicht mehr verarbeitet werden. Selbstverständlich gibt es auch das Motiv des blinden Sehers, der, da die Sicht nach außen nicht mehr da ist, in sich hineinsieht und da große Wahrheiten »sehen« kann. Vielleicht müsste dieser Vater wirklich in sich hineinsehen, sehen, wie er versucht, seinen Sohn vor etwas zu bewahren, ihn vor den eigenen Erfahrungen abzuschirmen. Immerhin bewirkt die Blindheit des Vaters, dass er seinen Sohn überhaupt auffordert, sich einen Diener zu nehmen.

Der Sohn ist enorm passiv, er unternimmt nur etwas auf Aufforderung des Vaters hin. Wir kennen ja bedeutend andere Märchenhelden, die ihrem Vater erklären, es wäre ihnen zu langweilig zu Hause, er sollte ihnen nun das Geld geben, sie möchten sich die Welt ansehen oder sich eine Frau suchen usw. Der Sohn in diesem Märchen ist aber in erster Linie Sohn, Fortsetzung des Vaters, und der Vater hat zu bestimmen.

Es geht in diesem Märchen darum, dass sich der Sohn vom Vater ablösen kann und mehr Autonomie gewinnt. Aus einer mehr das Kollektiv berücksichtigenden Perspektive ginge es darum, dass eine neue Generation heranreift, dass zugleich das Väterliche oder das Männliche »erneuert« wird. Denn nehmen wir diesen Vater und den König als Repräsentanten für das Männliche, dann tut Erneuerung not: Der eine ist blind, der andere rheumatisch!

Auf dem Weg zur Stadt trifft der Sohn die beiden Männer, die den Leichnam schlagen, weil er ihnen etwas schuldig geblieben ist. Der Tote ist den Lebenden etwas schuldig geblieben, er hat als Lebendiger etwas nicht eingelöst, das es einzulösen gegolten hätte. In diesem Leichnam begegnet uns, was in dieser symbiotischen Situation nicht wirklich leben konnte; zudem treffen wir auch die Männer, die schlagen; die aggressiven Seiten beschäftigen sich also mit diesem Leichnam. Die Aggression kann nicht lebensfördernd eingesetzt werden, sie beschäftigt sich mit dem, was ohnehin schon tot ist. Ich denke da an Söhne und Töchter, denen die Eltern irgendetwas schuldig geblieben sind, bei denen irgendetwas nicht mitleben konnte – und bei wem passiert so etwas nicht? Wir könnten ja nichts Neues mehr entwickeln, wenn uns unsere Eltern alles mitgeben würden. Und diese Söhne und Töchter hadern dann ein Leben lang mit eben diesem »Leichnam« – und meinen, wenn sie ihn nur lang genug schlagen würden, dann würde er lebendig. Das stimmt natürlich nicht – sie selbst werden höchstens unlebendiger davon. Und sie zeigen damit, dass sie noch immer wollen, dass die Eltern ihnen erfüllen, was sie nicht selber erreichen. Sie zeigen, dass sie noch symbiotische Ansprüche haben.

Es geht wohl darum, dass getan wird, was der Sohn in diesem Märchen tut: Er bezahlt die Schulden des Leichnams, er löst also ein, was dieser nicht eingelöst hat, begräbt den Leichnam und wirft Erde auf ihn. Er befriedet das Problem, er hat für die Auslassungen seines Vaters bezahlt – und wir bezahlen alle für die Auslassungen unserer Eltern, und unsere Kinder werden wieder für unsere Auslassungen bezahlen. Und er begräbt das Problem. Vielleicht war das Schlagen in einer Beziehung auch sinnvoll: Wir können ja Probleme auch zu früh begraben, bevor die Emotion, die damit verbunden ist, überhaupt erkannt und ausgehalten ist – wir können aber auch zu spät begraben. Der Sohn hier scheint zur richtigen Zeit zu begraben, ein Schlussstrich ist gezogen, das Leben kann weitergehen. Das Ritual des Begräbnisses wird ja auch als Voraussetzung für die Wandlung des Toten gesehen: Indem man den Toten daran erinnert, dass er von der Erde kommt und wieder zu Erde wird, erinnert man ihn auch daran, dass er wieder neu fruchtbar werden kann.

Der erste Schritt aus der symbiotischen Beziehung zum Vater ist also, dass der Sohn eigenständig etwas auslöst, das in diesem System tot war und außerdem den Lebenden etwas schuldig geblieben ist. Das würde heißen, gerade dem seine Aufmerksamkeit zu schenken, was im symbiotischen System nicht vertreten war.

Einen Diener findet er nicht. Am nächsten Tag bietet sich Rothaarig-Grünäugig als Diener an, der Sohn lehnt ab. Als er das dritte Mal nach einem Diener ausschaut und wieder nur Rothaarig-Grünäugig zu finden ist, akzeptiert er das. Und der Vater ist auch überraschend schnell einverstanden. Wir wissen vom Ende des Märchens her, dass Rothaarig-Grünäugig der Leichnam ist, den der Sohn aus seiner Schuld ausgelöst hat. Er kann sich nicht mehr gegen diesen Diener wehren, denn dadurch, dass er ihn ausgelöst hat, ist der ganze Bereich, den er verkörpert, eben »ausgelöst« und muss nun ins Leben integriert werden.

Welcher Bereich ist nun aber durch diesen Diener dargestellt? Das verrät uns sein eigentümlicher Name: Rothaarig-Grünäugig. Rot und Grün sind zum einen Komplementärfarben: Bestimmt sind in diesem Diener Gegensätze aufeinandergeprallt und in eine gewisse Ausgewogenheit gekommen. Rote Haare, grüne Augen – wäre er eine Frau, man würde von einer Hexe sprechen, denn das war die Farbkombination für Hexen. Die roten Haare zeugen von

Temperament, Leidenschaft, von der Möglichkeit, affektiv zu reagieren, heftig zu reagieren, sie künden von Gefahr, aber auch von Wärme. In den Märchen gehören die roten Haare – und übrigens auch die roten Bärte – zum Teufel. Das sagt aber noch nicht sehr viel aus, es kommt ja immer darauf an, was man jeweils verteufelt. Und selbstverständlich kann man die Leidenschaftlichkeit, die ungestüme Lebensenergie, die auch vor aggressiven Ausbrüchen nicht scheut, verteufeln, weil man Angst davor hat.

Dieses »rote« Element hat bestimmt im Leben des Sohnes gefehlt, sonst hätte er kaum vom Vater weggeschickt werden müssen. Die grünen Augen stehen im Gegensatz zu den roten Haaren, sie haben etwas Geheimnisvolles, den tiefen Blick, aber auch den schwer durchschaubaren Blick. Sie weisen auf etwas Untergründiges, Hintergründiges hin, können sich aber auch in giftig grüne Augen verwandeln. Die grünen Augen geben dem Rothaarig-Grünäugig in seinem temperamentvollen, dynamisch-aggressiven Auftreten eine Hintergründigkeit, die ihn mit Tiefe verbindet. Die Augen sind hier betont – wie beim blinden Vater –, aber hier sind es »sehende« Augen, vielleicht auch abschätzende Augen.

Das Leidenschaftliche in seinem ganzen Spektrum und die damit verbundene Beziehung zu den Hintergründen des Lebens haben also bisher gefehlt, das war nur noch eine Leiche – und das hat auch bewirkt, dass der Sohn so brav beim Vater blieb. Jetzt aber ist diese Seite als Reisekamerad akzeptiert, das heißt der Weg kann nun mit ihm geteilt werden, er ist immer dabei. Der Sohn ist nicht mehr allein, aber es ist auch nicht länger eine Vaterfigur, die ihn begleitet. Es ist nun aber keineswegs der Sohn, der den Gang der Handlung weiter bestimmt, bestimmend ist Rothaarig-Grünäugig. Wo der Sohn, der symbiotischen Ausgangssituation entsprechend, die Sicherheit wählen würde – beim Weg nach Damaskus –, da wählt Rothaarig-Grünäugig das Risiko: Er nimmt den Zwei-Monate-Weg, von dem noch nie jemand zurückgekommen ist. Er entscheidet sich also für den Weg des möglichen Todes. Wer das Risiko wählt, muss auch mit dem Scheitern rechnen.

Rothaarig-Grünäugig kann verstanden werden als eine psychische Komponente in dem Sohn, die eine starke Wirkung hat – sie ist ja eben erst ausgelöst –, der das Ich nicht viel entgegenzusetzen hat, etwa vergleichbar jenen Lebenssituationen, in denen man das Gefühl hat, dass man immer hinter sich herrennen muss, dass etwas in einem drin schon weit voraus ist und man dann manchmal Angst bekommt vor dem eigenen Mut.

Rothaarig-Grünäugig wählt den Weg des Risikos und der Konfrontation. Wenn noch nie jemand zurückgekommen ist, der diesen Weg gegangen ist, muss ihm klar sein, dass er da einer entscheidenden Gefahr begegnen wird. Würden sie den Sechs-Monate-Weg gehen, dann kämen sie zwar sicher nach Damaskus, aber ungewandelt. Wege sind aber eigentlich dazu da, dass man auf ihnen Erfahrungen macht, dass sich etwas ereignet.

Und es geschieht auch sehr schnell etwas: Nachts taucht der Drache auf. Dieser begnügt sich aber nicht nur mit Fressenwollen, er legt sich zuvor noch mit dem Dachshund an, der die beiden begleitet. Und Drache und Dachshund empfehlen sich gegenseitig, dass sie getötet werden sollten, da man ihr Gehirn jeweils brauchen kann: Das Gehirn des Dachshundes ist gut gegen Blindheit, das Gehirn des Drachen gut gegen Räude. Rothaarig-Grünäugig tötet den Drachen, nimmt dessen Kopf und weckt dann seinen Herrn.

Der Drache ist ein Monsterwesen, er gehört noch zur Riesenwelt und nicht zur Menschenwelt. Man denkt ihn ja als geflügelte Schlange, ein Monstrum, das sowohl dem Erdbereich angehört als auch dem Geistbereich, wobei es mit dem Fliegen nicht weit her sein dürfte. Meistens hütet er einen Schatz, aber er hütet ihn sehr gut, und es braucht viel Mut und viel Kraft oder aber List, um diesen Drachen zu töten. Man kann aber leicht von ihm gefressen werden. Der Drache symbolisiert etwas tief Unbewusstes im Menschen, das alles Neue, was geschehen will, verschluckt, jeden Bewusstseinsfortschritt zunichtemacht, Regression bis in archaische Schichten bewirkt. Wenn man ihn aber besiegt, dann wird irgendein Schatz frei.

Dieser Drache im Märchen spricht, er ist der Menschenwelt also schon sehr viel näher und kann deshalb auch angegangen werden. Rothaarig-Grünäugig kann ihn mit recht wenig Aufwand töten. Es geht aber nicht nur darum, dass diese Gefahr zur größten Regression – der Drache kann todbringend sein – gebannt wird, auch der Dachshund sollte eigentlich getötet werden. Der Dachshund ist ein Jagdhund, ein Dackel, der dazu abgerichtet wird, den Dachs für den Jäger aufzuspüren. Sehen wir den Dachshund als Verhaltensmöglichkeit des Sohnes, so wäre es seine hündisch treue Seite, die ihn dazu befähigt, die Befehle seines Herrn, in diesem Fall wohl seines Vaters, ohne große Überlegung auszuführen. Der Drache könnte eine sehr negative, den Fortschritt verneinende Verhaltensmöglichkeit darstellen, wobei diese viel eher erlitten als gewählt würde, es wäre eine Verhaltensmöglichkeit, die von weit her über ihn kommt. Diese beiden Verhaltensmöglichkeiten, die mit der symbiotischen Phase und dem Verdrängen von Rothaarig-Grünäugig im Zusammenhang stehen, können nun, nachdem ja dieses ganze verdrängte Problem »mitgenommen« wird und sogar wegweisend geworden ist, aufgearbeitet werden. Die Zurufe von Drache und Dachshund erinnern mich daran, wie Komplexe, wenn sie einmal grundsätzlich gesehen werden, in sich anfangen, sich aufzuarbeiten – etwa in Träumen oder in Phantasien.

Ein junger Mann, der sehr unter der bestimmenden Art seines Vaters gelitten hatte und der als Folge davon ein extrem unausgeglichenes Selbstwertgefühl hatte, träumte Folgendes: »Ein sehr protziger Typ, etwa mein Alter, lässig vergammelt, auf einem sehr starken Motorrad, trifft einen scheuen, mageren jungen Mann. Er misst ihn schweigend mit den Augen. Der Magere steht ängstlich da und hält sich an seinem Mädchen fest. Da steht der protzige Typ plötzlich von seinem Motorrad auf und bedeutet dem Scheuen, er könne es einmal fahren. Der Scheue fragt das Mädchen, ob es so lange die Zeit mit dem Motorradmann verbringen wolle. Es nickt. Da übergibt der Scheue dem Protzigen das Mädchen.«

Ohne auf die interessanten Assoziationen des Träumers hier einzugehen, wird durch den Traum klar, dass die beiden Verhaltensmöglichkeiten des Träumers – protzig oder sehr scheu, dafür mit Mädchen – sich in diesem Traum annähern, miteinander Kontakt aufnehmen. Keine der beiden Figuren wird vom Träumer als Traum-Ego erkannt, es sind nur junge Männer, die in seinem Alter sind.

Die beiden Verhaltensmöglichkeiten sind ihm noch wenig bewusst, sie sind eher komplexhaft bedingt, das heißt, er fällt jeweils in diese Verhaltensweisen, ohne dass er will. Die Annäherung der beiden Typen findet im Unbewussten statt und ist vom Unbewussten intendiert. Das war gemeint, als es hieß, dass ein Komplex in sich anfangen könne, sich aufzuarbeiten. Sowohl Drache als auch Dachshund sollen sich nicht einfach in Nichts auflösen, ihr Gehirn, ihre Essenz, soll aufbewahrt, mitgetragen und dann als Heilmittel verwendet werden. Jede Störung, in der richtigen Dosierung, bringt auch Heilung.

Der König von Damaskus hat Rheumatismus. Er wird also recht unbeweglich sein. Es gibt eine These der Psychosomatiker, die besagt, dass eine Aggressionsgehemmtheit dem Rheumatismus mit zugrunde liegen kann.[6] Also auch der König, der Landesvater, ist von einer Krankheit befallen. Das Männliche schlechthin scheint geschwächt und heimgesucht zu sein – kein Wunder, dass Rothaarig-Grünäugig nur noch ein Leichnam war. Der aber, der mit Rothaarig-Grünäugig aufgebrochen ist, kann den König heilen. Selbstverständlich tut er es nicht aus eigenem Antrieb, sondern auf Drohen von Rothaarig-Grünäugig.

Wie wird der König geheilt? Der Drachenkopf muss zerstampft, das Zerriebene auf ungebleichten Kattun gestreut werden, der König muss sich ausziehen, vierundzwanzig Stunden in dieses Tuch gewickelt bleiben, und erst dann darf es abgenommen werden. Es geht hier um eine »Königserneuerung«, um einen Ritus von Tod und Wiedergeburt. Der alte Mensch soll ausgezogen, der neue Mensch angezogen werden (Epheser 4,22–24). Der ungebleichte Kattun ist ursprünglich ein Totentuch. Die Wandlung aber soll durch den zerstampften Drachenkopf erfolgen. Dadurch, dass der Körper mit dieser Essenz des Drachenkopfes in Berührung kommt, soll er in feiner Dosierung das Drachenhafte in sich aufnehmen, und dann ist es nicht ein Gift, sondern ein Heilmittel. Es geht darum, dass dieses Negativ-Destruktive im Drachen geduldig verarbeitet wird, das heißt immer wieder gesehen wird, dass dabei das Positive dahinter, die Aggression im nichtdestruktiven Sinn, durch die Poren des Königs eindringen kann.

Ich meine, dass wir immer dann destruktiv werden, wenn wir Aggressionen – im Sinne des gezielten Auf-etwas-Zugehens, durchaus auch im Sinne der Konfrontation und auch der kraftvollen Konfrontation – verdrängen. Dann bleibt plötzlich nur noch eine Alles-oder-Nichts-Lösung, und die ist meistens destruktiv. Der König im Märchen ist nicht destruktiv – er hat die Destruktivität verdrängt und vermutlich zu einem großen Teil an seine Tochter delegiert. Es geht darum, dass gerade er wieder lernt, um seine Destruktivität zu wissen, und dass dann das Element der Destruktivität, die gesunde Aggressivität, ihn wieder in Bewegung bringen kann, ihn also auch von seinem »Rheumatismus« befreien kann.

Dabei wird er verändert – er wird wie neugeboren. Aber auch der Sohn wird verwandelt; er wird jetzt als junger Mann angesprochen. Und als es um die Belohnung geht, da wünscht sich der junge Mann die Tochter des Königs. Hier ist es nicht mehr Rothaarig-Grünäugig, der die Entscheidung trifft, es ist der junge Mann selbst. Der König ist ja jetzt wieder beweglich geworden, das Männliche wird heiler, und so kann auch der junge Mann autonomer werden.

Die Wahl scheint allerdings nicht ganz glücklich zu sein: Die Tochter des Königs hat schon dreimal geheiratet, am Morgen waren die Männer jeweils tot. (Vgl. auch die Tobias-Geschichte im Buch Tobit im Alten Testament.) Wir haben vorhin gesagt, der König hätte an einer Aggressionshemmung gelitten, er war durch sein Rheuma bestimmt und paralysiert, während die Aggression an seine Tochter delegiert zu sein scheint. Auf den jungen Mann machen jene Toten jedoch keinen Eindruck – er wagt jetzt den Weg des Risikos. Was aber ist jetzt so gefährlich?

Als die beiden miteinander schlafen gehen, da beginnen die Zöpfe des Mädchens zu zittern und verwandeln sich in Schlangen. Bevor sie den Bräutigam erwürgen können, schlägt ihnen Rothaarig-Grünäugig den Kopf ab. Wir haben schon am Anfang des Märchens festgestellt, dass die Frauen fehlen, die Frauen, die ja auch die Aufgabe haben könnten, diese Vater-Sohn-Symbiose aufzulösen. Nun ist eine Frau aufgetaucht, aber sie wurde den Männern bisher immer gefährlich. Die »verdrängten« Frauen und die verdrängten Aggressionen haben sich miteinander verbunden. Die Zöpfe werden zu Schlangen, die Zöpfe, das erotische Attribut, wobei hier die erotische Kraft noch ordentlich gebändigt ist, gehen in Schlangenform über. Das erotische Verlangen wird zu einem sexuellen Verlangen, und das wird für den Mann lebensgefährlich, und zwar in verschiedener Hinsicht: Lebensgefährlich kann einmal heißen, dass die Form, die bis jetzt gültig war, nicht mehr gültig ist, dass eine Wandlung eintreten muss. Mit dem Leidenschaftlichen von Rothaarig-Grünäugig waren bestimmt auch die sexuelle Leidenschaftlichkeit und die Körperlichkeit überhaupt abgespalten. Wenn wir nochmals die Ausgangssituation des Märchens bedenken, dann wäre es ja gerade die sexuelle Leidenschaft gewesen, die den jungen Mann vom Vater hätte wegbringen können.

Jetzt aber tritt diese sexuelle Leidenschaftlichkeit auf – und verändert den Sohn, zumindest schon dahin, dass er nun nicht mehr einfach nur Sohn ist, er ist jetzt auch Mann der Frau. Wenn er nun während dieses Aktes sterben würde, dann könnte diese Wandlung nicht stattfinden – das ist ein Aspekt. Ein anderer Aspekt des Lebensgefährlichen ist wohl der, dass in der Sexualität immer auch ein Moment der Selbstaufgabe, des Versinkens ins Orgastische enthalten ist, und diese Selbstaufgabe kann auch als Tod verstanden werden – oder als Symbiose. Dieses Erlebnis kann aber auch eine sehr große Angst heraufbeschwören. Ich denke da etwa an Klienten mit einem wenig starken Ich, die vor einem Orgasmus Angst haben, weil sie sich verlieren könnten. Diese Gefahr besteht hier nun nicht mehr: Rothaarig-Grünäugig steht bei und tötet die Schlangen. Weil der junge Mann nun schon einige Erfahrungen im Emotionalen, Aggressiven gesammelt hat, kann er auch in dieser Situation dem Zerstörerischen energisch begegnen. Das Zerstörerische bestände darin, dass der Mann seine Eigenständigkeit verlöre, dass er der Frau total ausgeliefert würde – und das geschieht ja sehr leicht in Erotik und Sexualität. Und dann wird diese für ihn gefährlich.

Und jetzt wird ein Fest gefeiert aus Freude darüber, dass nun die Vereinigung von Männlich und Weiblich möglich ist, aus Freude auch, dass die Frau nicht mehr so übermächtig ist, so dass die Männer, die sich mit ihr einlassen, sterben. Dabei war die Lösung nicht die, dass die Frau schwächer wurde, sondern der Mann stärker. Und dieses Erstarken und, damit verbunden, dass nun mehr Lebensmöglichkeiten gelebt werden können, das muss gefeiert werden.

Der junge Mann wird diesmal mit der doppelten Habe und mit seiner Frau – es hat also eine enorme Ausweitung seiner Persönlichkeit stattgefunden – seiner Wege geschickt. Sie treten den Rückweg an, in die Heimatstadt. Bevor sie aber diese erreichen, will Rothaarig-Grünäugig teilen. Zunächst hebt er hervor, dass alles eigentlich sein Besitztum ist. Das ist richtig: Dadurch, dass der Sohn Rothaarig-Grünäugig mitgenommen hat, ist er in den Besitz all dieser Güter gelangt, all dieser psychischen Möglichkeiten und Kräfte. Rothaarig-Grünäugig drängt darauf, dass geteilt wird, dass die Dinge voneinander getrennt werden. Dieser Aspekt des Trennens und Teilens fehlt in einer symbiotischen Situation. Die Beziehung zwischen dem Sohn und Rothaarig-Grünäugig wirkte ja auch recht symbiotisch. Anstelle des Vaters trat Rothaarig-Grünäugig. Und nun muss diese »verschobene« Symbiose aufgelöst werden.

Das ist nun das letzte Werk von Rothaarig-Grünäugig: zu entscheiden, was ihm gehört, und zu entscheiden, was dem jungen Mann gehört. Das könnte einer Situation entsprechen, in der ein

Mensch sich darüber klar wird, was seinem Ich zugehört und was eben nicht – was also einem bestimmten Aspekt von ihm angehört, der nie ganz kontrollierbar sein wird, der weit über das Bewusstsein eines Menschen reicht, so wie dieser Rothaarig-Grünäugig nie ganz integrierbar sein wird. Dabei zeigt es sich, dass der junge Mann den Dachshund noch nicht geteilt haben will, damit aber auch noch nicht sehen will, was an diesem Dachshund persönliche Aufgabe für ihn ist. Teilen heißt auch immer gegenüberstellen; und wenn man die Dinge einander gegenüberstellt, dann können sie gesehen werden, Bewusstwerdung wird möglich – und der junge Mann muss sich klar werden über seine Dachshundverhaltensmöglichkeiten. Sie müssen geopfert werden.

Aber auch die Frau soll geteilt werden. Es geht um eine Art Teufelsaustreibung: Das Böse, das noch in ihr ist, soll endgültig verschwinden. Dabei ist interessant, dass die Schlangen aus der Nase fahren. Mit Nase verbinden wir natürlich einerseits in erster Linie das Atmen, diesen wichtigen Austausch von innen und außen, andererseits sprechen wir auch davon, dass jemand »eine gute Nase« oder »einen guten Riecher« hat – und wir meinen damit ein Ahnungsvermögen bezogen auf die Zukunft. In diesen Schlangen lag nochmals die Gefahr des Zerstörtwerdens durch die Frau. Und Rothaarig-Grünäugig, der den positiven Aspekt dieser leidenschaftlichen, emotional-dynamischen Seite verkörpert, hat ja immer auch mit der destruktiven Seite gekämpft: mit dem Drachen, mit den Zopfschlangen – und jetzt mit den Nasenschlangen.

Wenn eine leidenschaftliche, dynamische Seite verdrängt ist, uneingelöst ist im Leben, dann ist es selbstverständlich, dass sie, wenn sie »ausgelöst« wird, wenn sie also im Leben eine Rolle spielen darf, nicht nur ihre positiven, konstruktiven Aspekte mit sich bringt, sondern auch die destruktiven. Dabei kann gerade ihr positiver Aspekt die Möglichkeit schaffen, dass man mit dem destruktiven Aspekt umzugehen in der Lage ist.

Rothaarig-Grünäugig stirbt: Das heißt, dieser Aspekt des Lebens ist zu einem Teil integriert, der Kaufmann kann jetzt selber auch so leben wie Rothaarig-Grünäugig; es gibt aber an Rothaarig-Grünäugig einen Aspekt, der nicht integrierbar ist. Dass sich dadurch eine große Wandlung ereignet hat, zeigt sich unter anderem auch daran, dass der junge Mann nun »Kaufmann« genannt wird. Er geht heim und heilt die Augen seines Vaters. Das kann dahingehend verstanden werden, dass er auf seiner Reise nicht nur etwas für sich selbst getan hat, sondern dass die Väter ganz allgemein – er hat ja auch den König geheilt – nun wieder heil sind. Das alte Wort für heil ist »ganz«, die Ganzheit muss vermutlich nicht mehr in der symbiotischen Beziehung gesucht werden, denn diese bietet nur eine »Schein-Ganzheit«.

Es ist aber auch nicht zu übersehen, dass der Sohn wieder bei seinem Vater lebt, und es stellt sich die Frage, ob die Symbiose wirklich aufhört. In diesem Zusammenhang muss man bedenken, dass unser Märchen ein orientalisches Märchen ist, wo die Generationen selbstverständlich zusammenleben. Es gibt allerdings vergleichbare Märchen, in denen viel ausdrücklicher dargestellt ist, dass der Sohn nun zum Träger der Familientradition wird. Zum anderen ist zu bedenken, dass ein Sohn, der einen dermaßen positiven Vaterkomplex hat wie unser Held hier, diesen ja nicht einfach verlieren wird, sondern eben weiterhin den Vätern gegenüber in dieser Tönung bleiben wird. Zumindest muss man sagen, dass keineswegs mehr die gleiche Art von Symbiose besteht, wie wir sie am Anfang gesehen haben.

Versuchen wir nochmals, uns diesen Weg aus der Symbiose zu veranschaulichen: Es besteht eine symbiotische Situation zwischen Vater und Sohn, der Sohn ist das »Opfer« der Symbiose. Die Störung stellt sich beim Vater ein: Er wird blind – und deshalb muss der Sohn eigenständiger werden. Der erste Schritt aus der Symbiose ist, dass er den Leichnam auslöst, dass er also sieht, was im System nicht mitleben konnte, und dass er dafür bezahlt – und es begräbt. Wesentlich dabei ist, dass er etwas aus eigenem Ermessen tut – wenngleich es wohl auch ein Akt der kollektiven Barmherzigkeit gewesen sein mag.

Damit im Zusammenhang steht der nächste Schritt: der Ungehorsam. Er nimmt den Diener, vor dem ihn der Vater gewarnt hat. Jetzt beginnt das Märchen allen »Brüdermärchen« zu gleichen: denjenigen Märchen, in denen zwei Helden auftreten, die einander verstärken. In diesem Rothaarig-Grünäugig ist dem Sohn eine Begleiterfigur erwachsen, die genau weiß, was zu geschehen hat. Und der Sohn gehorcht. Er ist also auch wieder recht symbiotisch mit ihm. In Realität könnte dem entsprechen, dass ein Mensch mit Symbiosetendenzen plötzlich eine sehr kraftvolle Traumgestalt erlebt, die ausgesprochenen Führungscharakter hat und unbemerkt aus der Symbiose herausführt, und zwar über die Entwicklung derjenigen Seiten, die in der Symbiose nicht mitleben durften. Diese Traumgestalt wird wie ein innerer Bruder oder eine innere Schwester erlebt, und da der symbiotisch Gebundene ja meistens gern gehorcht, kann diese Gestalt sehr viel Einfluss auf das alltägliche Leben gewinnen.

Solche Begleiterfiguren spielten eine Rolle in den Träumen eines 36-jährigen Mannes, der sehr vatergebunden war, jedes Geschäft mit seinem Vater besprach, selbstverständlich im Betrieb seines Vaters arbeitete, und wenn er einmal auswärts war oder in den Ferien weilte, täglich, zum Teil mehrmals täglich, mit seinem Vater telefonierte. Er suchte die Beratung auf – nachdem er sich mit seinem Vater besprochen hatte –, weil er zwar viele Frauen kennenlernte, nie aber eine länger dauernde Beziehung aufbauen konnte. In seinen Träumen tauchte mehrmals ein Bergführer auf, den er einmal getroffen hatte. Dieser wurde sehr wichtig, weil er ihm im Traum etwa zeigte, wie eine sehr steile Wand zu umgehen war, und ihn zu mutigen Unternehmungen anleitete. Der Bergführer verwies ihn auf Werte wie Risikofreudigkeit, Mut, Treue, Einfachheit. Dadurch, dass diese Traumgestalt so wichtig wurde, verlor der Vater an Bedeutsamkeit, der Sohn gewann an Wichtigkeit und an Lebendigkeit. Natürlich war es dann auch notwendig, dass er sich von diesem Bergführer »trennte«.

Hatte er sich über eine gewisse Zeit mit ihm identifiziert und aus dieser Identifikation großen Gewinn gezogen, musste er auch einsehen, dass er selbst nicht einfach dieser Bergführer war, dass er eine eigenständige Persönlichkeit war, mit noch ganz anderen Verhaltensmöglichkeiten und Werten, als sie der Bergführer verkörperte. Der Bergführer verführte ihn zu mehr Mut, als ihm eigentlich eigen war – das war notwendig für die Phase der Ablösung, das wäre aber nicht sinnvoll für seinen weiteren Lebensweg gewesen.

Eine solche Begleiterfigur kann – und wird es häufig auch – durch den Analytiker, die Analytikerin verkörpert werden. Dabei ist mit der Ablösesituation, dem »Teilen« im Märchen, besonders achtsam umzugehen. Denn wenn diese Begleiterfigur auf den Analytiker projiziert wird, ist nicht nur der Analytiker als Begleiterfigur, die er ja wirklich ist, gemeint, sondern auch der »innere Begleiter« wird im Analytiker erfahren – eine Möglichkeit, die sich auch etwa in der Gestalt des beschützenden Engels durch die Jahrhunderte hindurch niedergeschlagen hat. Dieser innere Begleiter hat aber immer einen Aspekt, der sowohl den Analytiker als auch den Ratsuchenden weit übersteigt; weder darf auf lange Sicht der Analytiker damit identifiziert werden, noch darf der Ratsuchende von sich verlangen, dass er nun alle diese Eigenschaften in seinem Leben realisieren können müsse. Diese Begleitergestalten sind schicksalhaft – wie Rothaarig-Grünäugig im Märchen –; Aspekte von ihnen können und müssen ins aktuelle Leben integriert werden, andere Aspekte von ihnen sind nicht integrierbar.

Durch den Entwicklungsweg mit diesem Begleiter gesundet im Märchen das, was vorher krank war: der Bereich des Aggressiven, Draufgängerischen. Gleichzeitig werden neue Bereiche erschlossen – hier die Möglichkeit der Beziehung zur Frau. In diesem Märchen ist schön ausgedrückt, wie in diesem Verdrängten sowohl der lebenbringende als auch der todbringende Aspekt zu sehen sind. Der Drache, der das Leben verschlingen könnte, kann als Heilmittel gebraucht werden; die Frau, die Freuden spendet, trägt noch die Schlangen in sich. Die Autonomie des Sohnes wird während dieses Prozesses immer größer. Jetzt geht es in einem weiteren Schritt auch darum, die Symbiose mit dem Begleiter zu lösen – indem klar überlegt wird, was denn nun wem gehört. Damit ist die ursprüngliche Symbiose aufgelöst, und das Leben kann seinen Fortgang nehmen.

Graumantel

Befreiung aus der inzestuösen Beziehung

Es war einmal ein König, der hatte drei Töchter. Eines Tages ging er in den Wald auf die Jagd und verirrte sich. Er ging und ging und konnte nicht wieder aus dem Wald herausfinden. Als es nun bald Abend werden wollte, begegnete ihm ein Graumantel; das war eine Gestalt, die sich ganz und gar in einen grauen Mantel gehüllt hatte, dass man vom Kopf und den Beinen nichts sehen konnte. Der Graumantel fragte den König, wohin er denn wolle, und der König sagte ihm, dass er sich verirrt habe. Da sagte der Graumantel, wenn der König ihm das geben wolle, was ihm zu Hause zuerst begegne, so wolle er ihn aus dem Wald führen. Der König dachte, es werde ihm wohl sein Hund entgegenkommen, und sagte: Ja.

Der Graumantel führte nun den König aus dem Wald und sagte noch, morgen Schlag acht wolle er sich seinen Lohn holen. Als aber der König nach Haus kam, da sah ihn seine jüngste Tochter zuerst und lief ihm entgegen. Der König winkte ihr, sie solle zurückbleiben, aber sie lief nur umso schneller und fiel ihm um den Hals. Da wurde der König ganz traurig, und die Tochter fragte ihn, was ihm denn fehle. Im ersten Augenblick erschrak die Tochter wohl ein bisschen, dann aber tröstete sie ihren Vater und sagte, das werde wohl alles gut gehen. Am anderen Morgen zog die jüngste Tochter ihr schwarzseidenes Kleid an und hielt sich bereit. Zur bestimmten Stunde fuhr der Wagen vor, und als sie hineinsahen, saß der Graumantel drin. Der König begleitete seine jüngste Tochter bis an den Wagen, und dann fuhr der Graumantel mit ihr davon.

Sie kamen an einen großen Berg, der tat sich vor ihnen auf, und sie fuhren hinein. Inwendig war ein großes Schloss mit vielen, vielen Stuben, und es gab auch reichlich zu essen und zu trinken. Der Graumantel gab der Königstochter einen Schlüsselbund und sagte ihr, sie könne sich alles besehen, bloß eine Kammer unten im Keller, die dürfe sie nicht aufschließen.

Sie besah sich auch das ganze Schloss, und als sie zu der Kammer kam, war sie doch neugierig, was wohl darinnen wäre, und schloss sie auch auf. Da sprang ihr aber mit einem Mal der Graumantel entgegen. Sie erschreckte sich so sehr, dass sie ganz stumm war. Er aber rief: »Mein Kind, was hast du gesehen, als du in den Keller gucktest?« Sie konnte aber kein Wort hervorbringen. Er fragte sie zum zweiten und zum dritten Mal: »Mein Kind, was hast du gesehen, als du in den Keller gucktest?« Sie konnte aber immer noch nicht antworten. Da sagte er: »Nun, dann sollen dich die Raben auf dem Feigenbaum verzehren!« Er zog ihr alle die schönen Kleider aus, bis sie splitternackt war; bloß ihre goldene Kette und ihre goldenen Ringe ließ er ihr. Dann musste sie mit ihm kommen, und er führte sie aus dem Berg heraus. Oben auf dem Berg stand ein großer Feigenbaum, auf den musste sie hinaufsteigen und droben sitzen bleiben.

Am selben Tag hielt ein Königssohn in dieser Gegend eine große Jagd. Die Hunde bellten immer unter dem Baum, in dem die Königstochter saß. Da sagte der Königssohn zu einem seiner Jäger, er solle mal hinaufsteigen und nachsehen, was da wäre. Als der hinaufstieg, zog sich die Königstochter einen goldenen Ring vom Finger und hielt ihm den hin. Der nahm den Ring und stieg wieder hinunter und sagte, er könne nichts finden. Die Hunde bellten aber immer noch um den Baum herum. Da schickte der Königssohn noch einen von seinen Jägern hin, er solle einmal nachsehen, was da wäre. Der stieg auch auf den Baum hinauf. Da zog sie sich wieder einen Ring vom Finger und hielt ihm den entgegen, und der Baum war so dicht voll Laub, dass er wirklich nichts sehen konnte. So brachte der dem Königssohn den Ring, sagte aber, dass er nichts sehen könnte. Da stieg der Königssohn selbst hinauf, die Königstochter nahm ihre goldene Kette und hielt ihm die hin. Er aber fasste sie an der Hand und holte sie vom Baum herunter. Und als er sah, dass sie ganz nackt war, hängte er ihr seinen Mantel um und nahm sie mit nach Hause. Da kriegte sie wieder die feinsten Kleider von Samt und Seide, und der Königssohn mochte sie so gern leiden, dass er sie zur Frau nahm. Sie war aber noch immer stumm und konnte kein Wort sprechen.

Als ein Jahr vergangen war, bekam sie einen kleinen Jungen; aber in der dritten Nacht, als die Mutter schlief, kam der Graumantel und holte ihr das Kind fort. Am anderen Morgen war das Kind weg, aber um den Stuhl herum war ein Darm gewickelt, als ob das Kind getötet worden wäre. Die junge Mutter weinte, aber kein Mensch wusste, was da eigentlich passiert war.

Nach einem Jahr kriegte sie wieder einen kleinen Jungen; aber in der dritten Nacht holte der Graumantel auch den weg, und am anderen Morgen fanden sie wieder nichts als die Gedärme, die um den Stuhl gewickelt waren. Da schalt die alte Königin ihren Sohn, was er sich da für ein Frauenmensch aus dem Baum geholt hätte, das kein Wort sprechen könne und ihre eigenen Kinder auffresse. Der Königssohn aber wollte nicht von ihr lassen.

Als wieder ein Jahr herum war, kriegte sie den dritten Jungen. Den holte der Graumantel wieder fort, und die alte Königin schalt so sehr, dass die Königstochter vor Gericht kam.

Sie fragten sie, wo sie ihre Kinder gelassen hätte, aber sie konnte gar nichts sagen und weinte bloß. Da wurde ihr das Leben abgesprochen, und sie sollte geköpft werden. Sie ging auch ganz geduldig zum Richtplatz hin. Als sie ihren Kopf auf den Block legen wollte und der Scharfrichter mit seinem großen Schwert schon bereitstand, da kam mit einem Mal eine goldene Kutsche mit vier schwarzen Pferden angefahren, und eine fürchterliche Stimme rief: »Halt!« Da mussten sie einhalten, und aus der Kutsche stieg der Graumantel. Er ging auf die Königstochter zu und fragte sie wieder: »Mein Kind, was hast du gesehen, als du in den Keller gucktest?« Da fand sie endlich ihre Sprache wieder und sagte: »Was ich gesehen habe? Ich habe einen verwünschten Graumantel gesehen!«

Da verwandelte sich mit einem Mal der Graumantel und stand als ein hübscher Prinz vor ihr. Er holte auch die drei Kinder aus dem Wagen und sagte, er hätte die Kinder weggeholt und das wären seine Kinder, nun wäre er erlöst und sie wäre seine Frau. Er nahm sie gleich mit zu dem Schloss, das nun wieder hoch auf dem Berg stand. Der Prinz war nun König und sie die Königin.

Dieses Märchen[7] ist in Deutschland aufgezeichnet worden. An sich kennt man den Graumantel vor allem aus schwedischen Märchen, die leider nicht mehr zugänglich sind. Bolte und Polívka[8] erwähnen eine schwedische Parallele: Da erscheint Graumantel der jüngsten Tochter nachts im Traum als schöner Jüngling. Tags ist er für sie unsichtbar. Er hat ihr verboten, eine Luke im Boden des Zimmers zu öffnen. Sie sieht darunter den Graumantel stehen, es verschlägt ihr die Sprache vor Schrecken, und sie fällt wie tot nieder vor Angst. Als sie wieder erwacht, ist sie in einer Wildnis. Die Fortsetzung und das Ende des Märchens sind dann wie im deutschen Graumantel-Märchen.

Diese Parallele scheint mir bedeutsam zu sein, weil damit die Nähe zu allen Märchen vom Typus des Tierbräutigams sichtbar wird. Das bekannteste Märchen dieses Typus ist wohl »Das singende springende Löweneckerchen«[9]. In diesen Märchen wird ein Mädchen einem Tier versprochen, meistens weil der Vater in dessen Garten eine Blume abgebrochen hat; das Mädchen bleibt aus Liebe zum Vater bei diesem Tier, und dadurch, dass es das Tier liebt, kann dieses sich in einen Prinzen verwandeln. In anderen Versionen ist das Tier nachts ein wunderschöner Prinz, aber tags ein schreckliches Tier. Durch das Ausharren bei diesem Tier oder durch das Verbrennen der Tierhaut zur richtigen Zeit wird aus dem Tier ein Prinz, der dann meistens erzählt, dass er von einer Hexe verzaubert worden sei. Allerdings wird diese Haut sehr oft zur Unzeit verbrannt, was dann mit sich bringt, dass die Frauen jahrelang ihren Prinzen suchen müssen.

Die Parallele der Märchen vom Tierbräutigam zu *Graumantel* besteht darin, dass Graumantel offenbar auch zwei Seiten hat, eine, die sehr erschreckt, und eine, die ihn als strahlenden Jüngling zeigt – eine Verhüllung, die Schrecken verursachen kann. Vom Schluss des Märchens her wissen wir auch, dass er verwünscht war – von wem wissen wir hier nicht – und dass er durch die jüngste Tochter erlöst worden ist. Bei den Märchen vom Tierbräutigam erschrecken die Frauen weniger, sie grausen sich viel mehr vor diesem Tier, besonders weil es noch möchte, dass man es jeweils küsst. Graumantel ist verhüllter, geheimnisvoller, mächtiger.

Eine weitere Parallele besteht darin, dass es immer der Vater ist, der, um sich selbst zu retten, die jüngste Tochter ohne Wissen dem jeweiligen Tier oder Ungeheuer oder hier eben dem Graumantel verspricht.

Kommen wir auf unser Graumantel-Märchen zurück. Die Notlage des Vaters besteht darin, dass er sich auf die Jagd begibt und, statt etwas zu treffen, sich offenbar verirrt, im Wald herumirrt und keinen Ausweg findet. Wer sich im Märchen im Wald verirrt, wird immer damit rechnen müssen, jemanden oder etwas zu treffen, das ihn in die Irre hat gehen lassen. Hier ist es der Graumantel, eine Gestalt, die ganz in einen grauen Mantel gehüllt ist. Wenn der König sich im Wald verirrt, dann heißt das, dass er zwar etwas schießen will, sich etwas aus der Triebsphäre des Unbewussten holen will, dass das aber nicht gelingt, sondern dass sich ein Sich-

Verlieren in den Phantasien einstellt, bis das Bewusstsein ganz und gar richtungslos geworden ist, sozusagen eingehüllt von den Phantasien. Hinter diesem Sich-Verirren steht Graumantel. Wesentlich an dieser Gestalt scheint das Verhüllte zu sein; es wird nicht sichtbar, was denn hinter dieser Gestalt steckt, klar ist nur, dass sie grau ist. Dass sie auch Grauen auslöst, wird hier noch nicht gesagt. Grau ist die Farbe der Lustlosigkeit, des Zwielichts, des Unklaren, abgeleitet von Nebel und von »zwischen Tag und Nacht«. (Der König trifft den Graumantel auch, als es bald Abend werden will.) Hinter diesem grauen Mantel verbirgt sich natürlich etwas, aber das ist zunächst eben verhüllt.

Wir haben es, wenn wir das Märchen auf eine individuelle Situation beziehen wollen, mit einem Vater zu tun – übrigens ohne Frau –, der sich in seinen Phantasien verliert, sich darin verirrt und sich dabei wohl lustlos fühlt, depressiv, und der mit der Zwielichtigkeit seiner Phantasien konfrontiert wird. Er könne sich aus dieser Situation befreien, wenn er etwas opfere, sagt ihm der Mann mit dem grauen Mantel.

Der König ist bereit zu opfern, phantasiert aber, das Opfer werde bloß sein Hund sein. Stattdessen ist es dann seine Tochter. Er muss also seine Tochter opfern, will er aus dem Wald, aus der Verirrung, wieder herausfinden. Es ist ein typisches Märchenmotiv, dass Väter in Schwierigkeiten kommen, sich eine schnelle Lösung anbietet, die sie auch gern akzeptieren, und dass nachher ein Kind das Problem, das dahintersteht, lösen muss. Das ist natürlich nicht nur ein Märchenmotiv, das zeigt sich durchaus auch im alltäglichen Leben. Dass der König meint, den Hund opfern zu müssen, steht wohl einmal mit der sehr menschlichen Art im Zusammenhang, zwar zu wissen, dass man immer wieder etwas opfern muss, aber immer auch zu hoffen, dass es nicht zu viel sein wird. Andererseits symbolisiert der Hund auch die Triebseite des Menschen, die unserem Bewusstsein bis zu einem gewissen Grad gehorsam ist. Er wird oft in Zusammenhang mit der männlichen Sexualität gebracht. So könnte es sein, dass der Vater meint, ein Stück Sexualität opfern zu müssen, er muss aber die Tochter opfern und damit auch die Beziehung zur Tochter. Die inzestuöse Beziehung der beiden ist angedeutet im freudigen Empfangenwerden des Vaters durch die Tochter und in der Bereitschaft, mit der sie sich in das Unvermeidliche stürzt, das der Vater ihr eingebrockt hat. Außerdem fehlt die Mutter. Dann wird das noch verhüllt Inzestuöse auch sichtbar in Graumantel, den der König trifft – Graumantel jetzt verstanden als ein verhüllter Aspekt des Königs, als der nicht offene Wunsch, die Tochter haben zu wollen. Das ist das Zwielichtige.

Im Märchen wird also die Problematik einer Tochter beleuchtet, die in einer inzestuösen Beziehung mit dem Vater lebt, das heißt aber, dass die Phantasiewelt der beiden, insbesondere die erotischen und sexuellen Phantasien, eine große Rolle spielen. Das Märchen schildert nun, wie sich in einem solchen Fall die Entwicklung zum Mann und zum Sexualpartner gestalten kann. Eine inzestuöse Verbindung kann aber auch symbolisch verstanden werden: in Bezug auf die Tochter, dass sie zu sehr den herrschenden Bewusstseinsnormen verbunden bleibt, die der Vater verkörpert, und dass sie den Mann als den »ganz Anderen« nicht erleben kann, dass sie aber dadurch auch ihre eigenen männlichen Seiten nicht als das aufbrechende »ganz Andere« erfahren kann. Es kann nicht wirklich etwas Neues geschehen. Das ist vermutlich der Grund dafür, dass ihr die Kinder immer wieder weggenommen werden, die Kinder, die das Symbol für das Neue sind, was aus der Beziehung zu diesem »ganz Anderen« entsteht.

Ich möchte dieses Graumantel-Problem an einem praktischen Fall illustrieren:

Eine Frau, 30 Jahre alt, verheiratet, mit drei Kindern, sucht die Therapie auf, weil ihr Leben unerträglich langweilig ist. Das ist ihre Begründung. Sie ist die jüngste Tochter einer großen Familie. Ihre Mutter starb, als sie zehn Jahre alt war. Sie bezeichnet sich als des Vaters Liebling. Sie interessierte sich für die politischen Ansichten ihres Vaters und begleitete ihn schon früh zu Versammlungen. Sie hat, seit sie denken kann, viele erotisch-sexuelle Phantasien, auch frühe sexuelle Beziehungen zu Männern. Insgeheim verachtet sie aber die Männer; während sie ihren Vater idealisiert, kommen ihr die Männer furchtbar »tierisch« vor, besonders wenn sie während der sexuellen Vereinigung an den Vater denkt. Es »stellt ihr dann jeweils ab«. Sie macht für den jeweiligen »Misserfolg« die Männer verantwortlich, sie stellt sie als unfähig hin usw. Sie sucht verzweifelt einen Mann, bei dem sie nicht an den Vater denken muss. Bei dieser Suche trifft sie entweder »Engel« oder »brutale Schläger« (ihre Ausdrücke): Männer, die das Geistige betonen, oder Männer, die besessen sind von hartem Sex. Die Analysandin hat sich früh verheiratet, das Ehepaar wohnt beim Vater; der Ehemann ist besorgt darum, dass die Familie beisammenbleibt. Die Frau ist auch geistig sehr vatergebunden: Es darf nichts gedacht werden, was der Vater nicht akzeptieren könnte.

Graumantel bringt nun die Tochter des Königs in seinen Bereich, in ein Schloss in einem großen Berg. Er bringt sie an einen sehr verborgenen Ort. Dass sie ihr schwarzseidenes Kleid anzieht, scheint mir anzudeuten, dass sie sich dem Graumantel zugehörig fühlt; Schwarz ist zwar nicht Grau, aber doch damit verwandt. Allerdings kann damit der Erzähler auch ausdrücken wollen, dass die Tochter nicht etwa widerstrebend das tut, was der Vater von ihr fordern muss, sondern freudig.

Im Berg wohnen die Entrückten und die Feen. Wenn Graumantel da sein Schloss hat, dann weit weg vom Bewusstsein, in einer sehr magischen Welt. Von daher kann angenommen werden, dass die Beziehung zu Graumantel einer Phantasie entspricht, einer sehr unbewussten Phantasie, ausgelöst durch die verborgene erotische Beziehung zum Vater. Das Innere des Berges stellt man sich außerdem als Mutterbereich vor. Schon der Wald, in dem sich der König verlaufen hat, gilt als nährende Natur, das heißt vor allem als Mutterbereich. Graumantel und der König und damit natürlich auch seine Tochter stehen unter der bergenden, einschließenden Wirkung des Mutterarchetyps. Das passt zur inzestuösen Situation.

In dieser Situation soll die Familie beisammenbleiben, alle exogamen Tendenzen sollen unterdrückt werden. In Graumantels Schloss gibt es aber auch ein Zimmer, in das zu gehen ihr verboten ist. Wir kennen aus vielen Märchen das Motiv des verbotenen Zimmers und wissen, dass gerade das Verbot Anreiz ist, dieses Zimmer zu betreten. In diesen verbotenen Zimmern können sehr verschiedene Menschen angetroffen werden, gelegentlich auch Tiere: Meistens ist da drin etwas, das vom Bewusstsein am stärksten verdrängt ist und deshalb auch am meisten benötigt wird. Daher ist der Inhalt oft ungeheuer erschreckend oder sehr numinos oder beides zusammen.

Bei unserem Märchen will man nicht so richtig verstehen, weshalb sie dermaßen vor dem Graumantel erschrickt, den sie ja sonst schon gesehen hat, der sie abgeholt hat. Mir scheint die schwedische Parallele einleuchtender zu sein; da träumt sie nachts von

Graumantel als schönem Prinzen und öffnet dann am Tag eine Luke, die sie eigentlich nicht öffnen dürfte, und sieht da Graumantel. Offenbar weiß sie, dass es sich um denselben Menschen handelt, wird sprachlos vor Schreck und fällt wie tot nieder vor Angst. Sie träumt vom Prinzen; in ihrer Phantasie kann sie den Schritt vom Vater zum unbekannten Männlichen tun; wenn sie aber tags die Luke öffnet, dann ist der Mann nicht wunderschön, sondern ein abscheulicher Graumantel, vor dem man zu Tode erschrecken muss. Im Mann begegnet ihr das Faszinosum und das Tremendum: Für das nächtliche Bewusstsein ist Sexualität etwas sehr Schönes, das Tagesbewusstsein erschrickt immerhin so, dass die Sprache verloren geht.

Die vatergebundene Analysandin sprach einmal davon, dass Sex nachts ja noch ganz schön sei, aber wenn sie dann am Tag darüber nachdenke, dann finde sie »das Ganze« hässlich. Die Sexualität hat noch eindeutig zwei Seiten für die Analysandin: eine faszinierende und eine abschreckende – wie Graumantel im Märchen offenbar auch zwei Seiten hat.

Vom Schluss des Märchens her wissen wir, dass die Tochter des Königs so sehr erschrickt und sich ängstigt, weil sie einen »verwünschten« Graumantel gesehen hat, verwünscht in diesem Märchen wohl durch die inzestuöse Beziehung zum Vater. Bei den Märchen, die wirklich vom Tierbräutigam handeln, ist die Deutung einfacher: Da erschrickt sie offenbar einfach sehr stark vor der animalischen Seite der Sexualität; vielleicht kann man auch umgekehrt sagen, dass die Angst des Mädchens vor der Sexualität den Mann zu einem Tier werden lässt – während sie die Geistseite des Mannes gut akzeptieren kann.

Die Frage von Graumantel ist eigentümlich. An sich wissen ja beide, was sie gesehen hat. Am Schluss des Märchens ist aber doch sichtbar, dass das Mädchen sich darüber klar werden muss, dass das ein verwunschener Graumantel ist, nicht in seiner wahren Gestalt, sondern eben durch einen Fluch in eine erschreckende Gestalt gebracht. In dieser Situation aber hat das Mädchen nur Angst. Sie hat, im Zusammenhang mit der Sexualität und mit der Beziehung zum Mann, etwas entdeckt, was ihr allergrößte Angst macht. Sie kann kein Wort hervorbringen, so sehr schnürt es ihr die Kehle zusammen. Sie kann aber auch in Zukunft kein Wort herausbringen.

Nun macht alles Animalische, das in uns ist, Angst. Wenn Menschen sich wie Tiere benehmen, ist das zutiefst erschreckend. Da brechen ungeheure Kräfte durch, aggressive, destruktive, sexuelle. Auch das Erleben der männlichen Sexualität, der Sexualität überhaupt, kann für ein Mädchen sehr erschreckend sein. Wenn nun aber, wie hier im Märchen, eine stark betonte inzestuöse Beziehung zum Vater dazukommt, die ja bestimmt nicht offen ist, dann wird dieses Einbrechende noch angsterregender. Zudem kommt noch hinzu, dass auch der Vater mit diesem Problem nicht klargekommen ist, er verleugnet die inzestuöse Beziehung.

Folge dieses Schreckens ist, dass sie aus dem unterirdischen Schloss herausgeführt wird. Außerdem wird sie ganz nackt ausgezogen; ich denke da an Adam und Eva im Paradies. Nackt sein bedeutet unverhüllt zu sein, gefährdet sein, verletzbar sein – aber auch für einen Neuanfang bereit. Sehr vieles spricht für eine Initiation: in den Berg hineingehen, da etwas ganz Erschreckendes erleben, aus dem Berg wieder herauskommen, die Kleider ausziehen müssen, auf einen Baum gesetzt werden. Dieses Motiv erinnert an die Baumgeburt, an das symbolische Herauswachsen aus dem Baum als Verkörperung des archetypischen Vaters und der archetypischen Mutter – also eine Wiedergeburt, die nichts mehr mit den persönlichen Eltern zu tun hat. Es ist eine Initiation ins Frausein durch das Erschrecken in der Phantasie über das Männliche, über die Sexualität und über ihre sexuellen Wünsche dem Vater gegenüber.

In einer Lebensgeschichte könnte das so aussehen, dass ein Mädchen mit einer inzestuösen Vaterbindung sehr viele Phantasien über Partnerschaft und Sexualität hat. Und plötzlich merkt sie, dass sie vor dem Mann auch eine ungeheure Angst hat, dass er vor ihr sein wahres Wesen verbergen kann, dass sie ihn als zwielichtig erlebt. Diese Phantasien und das Erschrecken bringen das Mädchen auf eine neue Entwicklungsstufe, auf die Stufe der Frau.

Bei meiner Analysandin äußerte sich diese Phase so, dass ihr nach einer Zeit der inneren Arbeit plötzlich erschreckend klar wurde, dass sie eigentlich ihren Vater »gewollt« hätte und dass hinter der Ablehnung der »tierischen Sexualität«, der Angst davor, ihre Angst vor ihren Sexualwünschen dem Vater gegenüber standen. Diese Angst vor der Sexualität verkehrte sie, indem sie die Männer in ihrer Sexualität »abwertete«.

Weil das Mädchen eine neue Entwicklungsstufe erreicht hat, verwundert es auch nicht, dass im Märchen gleich der Königssohn mit seinen Jägern jagt – und im Gegensatz zum alten König ist er erfolgreich. Er kann das Mädchen, da er sie als Mensch zu fassen bekommt, vom Baum herunterholen. (Wer nur ihre Ringe will, hat sie nicht erfasst.) Der Feigenbaum ist ein Symbol für Fruchtbarkeit und Überfluss; er war dem Dionysos heilig, daher auch ein Symbol für Erotik und Sexualität. Und das Mädchen wird ja nun auch wie eine reife Frucht von diesem Baum der Erotik und der Sexualität gepflückt – bekommt neue Kleider und wird die Frau des Königssohns. Aber sie ist noch immer stumm.

Wenn das Mädchen noch stumm ist, dann kann sie die Beziehung zu ihrem Mann nur über den Körper gestalten, der ganze Aspekt des menschlichen Zusammenseins, den wir mit der Sprache gestalten, fällt aus. In ihrer Geburt aus dem Baum, aus dem Feigenbaum, wird sie ja auch als Naturwesen geschildert, und die Mutter sagt auch strafend zum Sohn, was er sich denn da für einen Frauenmensch aus dem Baum geholt habe, der nicht sprechen könne. Die Frau wird damit gekennzeichnet als eine, die nur Kontakt zu ihrem Mann haben kann und die ungeheuer einsam sein dürfte – Angst macht einsam.

Auch wenn eine neue Entwicklungsstufe gewonnen ist, auch wenn das Mädchen zur Frau wurde, und zwar zu einer Frau, die die Frucht eines Feigenbaums ist, wo Sexualität und Erotik wichtig sind, ist sie noch stumm. Sie steht noch immer unter dem Schock, den sie hatte, als sie Graumantel erkannt hat. Die Beziehung zwischen ihr und Graumantel ist noch nicht abgebrochen, auch wenn sie nun in einer Beziehung zu einem Mann lebt, der äußerlich Graumantel nicht zu gleichen scheint.

Wenn Graumantel für das entstellte Bild des Mannes steht, das bei ihr aus Angst vor ihren inzestuösen Wünschen entstanden ist, dann ist die Beziehung zu ihrem Mann, den wir – beachten wir den Schluss des Märchens – mit Graumantel in Verbindung bringen müssen, immer noch von diesen inzestuösen Wünschen und Ängsten mitgeprägt. Das, was sie mit dem irdischen Mann kreiert, kann nicht existieren. So könnte man dann auch verstehen, dass sich Graumantel immer wieder nach der Geburt ihre Kinder holt. Ich habe weiter oben gesagt, dass die symbolische Bedeutung einer inzestuösen Beziehung darin besteht, dass nichts Neues entstehen darf. Das Kind aber ist das Symbol für das schlechthin Neue. Und deshalb muss Graumantel, solange er existiert, die Kinder immer wieder wegholen.

Graumantel holt die Kinder nachts, wenn sie schläft. Bei all diesen Märchen, in denen der Mutter, auf mehr oder weniger grausame Weise, die Kinder weggenommen werden, fällt auf, dass der Vater entweder abwesend ist oder offenbar auch schläft. Das legt nahe, bei den Märchen, in denen eine männliche Figur die Kinder holt, diese als einen Aspekt des Mannes zu sehen, hier sozusagen als den »Nachtaspekt«. War Graumantel zuvor am Tage erschreckend, ist er es nun in der Nacht. Das heißt, dass der erschreckende Aspekt der Beziehung zum Mann unbewusst geworden ist – aber nicht minder wirksam.

Ich frage mich allerdings, ob der erschreckende Aspekt auch noch darin liegen könnte, dass sie spürt, dass der Mann nicht will, dass sie Kinder hat, dass er nicht will, dass sie zur Mutter wird, und ihr deshalb die Kinder wegnimmt. Graumantel würde dann auch für eine sehr fordernde aggressive Sexualität stehen, die nur Sexualität, nicht aber Kinder haben will. Männer, die nicht ertragen, dass ihre Frauen Mütter werden, sind ja oft sehr verwünscht; meistens leiden sie unter einem sie bindenden Mutterkomplex, und wenn ihre Frau selber Mutter wird, dann wird ihre Angst vor dem Inzest riesengroß. Wenn ich so interpretiere, dann nehme ich an, dass nicht nur die Frau eine inzestuöse Beziehung zum Vater hat, sondern der Mann auch eine inzestuöse Beziehung zur Mutter. Die alte Königin, die Mutter des Mannes, von der zuvor überhaupt nicht die Rede war, ist es denn auch, die dafür sorgt, dass die Schwiegertochter vor Gericht kommt, sie ist es, die die Schwiegertochter aus dem Weg haben will.

Die junge Mutter leidet, weint und sagt nichts. Bedenkt man, wie sehr sie leidet, wenn das Neugeborene – das, was neu geworden ist –, zu dem sie bestimmt schon eine tiefe Liebe erfüllt, das sie unter Schmerzen zur Welt gebracht hat, ihr gestohlen wird, sie zudem aber noch als die hingestellt wird, die das Kind getötet hat, verwundert es, dass sie nichts sagt. Aber weiß sie überhaupt, was geschehen ist? Graumantel kam ja nachts, als sie schlief. Graumantel wirkt sadistisch, destruktiv.

Und so ist es wohl auch zu interpretieren: Das Leben geht weiter, neue Lebensimpulse werden ihr geboren, aber über Nacht sind diese wieder weg, und sie hat am Morgen nur noch das Gefühl des Verlusts und vielleicht auch das Gefühl, eine Mörderin zu sein, selber schuld zu sein, dass das Neue, das eine Bereicherung des Lebens versprochen hätte, schon wieder weg ist. Schuld daran ist, dass dieses Graumantel-Problem noch immer nicht gelöst ist, dass Graumantel noch immer vorhanden ist und dass sie aus Angst davor nicht sprechen kann.

Dieses Nicht-sprechen-Können hat den Sinn, dass sie nicht zur Unzeit spricht, dass sie erst spricht, als die Zeit dazu reif geworden ist. Dieses Nicht-sprechen-Können hat aber auch weiter die Funktion, dass sie sich von allem distanziert, was mit diesem Graumantel-Erlebnis zusammenhängt: Sie hat sich konsequent an den positiven Aspekt des Männlichen gehalten, hier ausgedrückt in der Beziehung zum Königssohn. In einem realen Frauenschicksal sähe dies etwa so aus, dass durch die verdeckt inzestuöse Beziehung zum Vater eine ungeheure Angst vor einem »fürchterlichen« Aspekt der Sexualität, der verbotenen Sexualität, vorhanden ist, dass es aber auch ein sehr großes Geheimnis gibt, was die Sexualität anbelangt, dass die Frau aber dieses Angstmachende nicht zulässt, am Mann nur dessen helle Seiten sieht und nicht die dunklen, triebhaften, aggressiven, die von der Inzestphantasie noch überdeckt sind.

Nachdem meiner Analysandin ihre Angst vor Sexualität und ihre inzestuösen Phantasien bewusst geworden waren, erfasste sie eine ungeheure Scham vor ihrem »Getriebensein«. Es gelang ihr, ihr »Pseudoleben« mit dem Vater aufzugeben. Gleichzeitig versuchte sie konsequent, sich nicht in eine sexuelle Versuchungssituation zu begeben, wo Angst hätte aufbrechen können. Sie hielt sich konsequent von der »Graumantel-Welt« fern. Dadurch konnte sie auch ihren Ehemann plötzlich neu sehen, von seinen positiven Seiten her. Mit der Opferung der inzestuösen Phantasie belebten sich vor allem politische Interessen. Wie im Märchen folgte eine Phase der Verleugnung dieser Graumantel-Welt und ihrer Faszination.

Diese Graumantel-Welt und das inzestuöse Verwobensein damit kann ja auch symbolisch verstanden werden: So ein Graumantel in einem Schloss unter der Erde kann eine Animusgestalt darstellen, die unheimlich ist, faszinierend, bedrohlich; es besteht ja immer auch die Gefahr, dass die Frau zum Beispiel ihr Leben unter der

Erde im Schloss mit ihm fristen würde, und das würde wohl einer Psychose gleichkommen. Diese Seiten, diese faszinierenden Phantasien, die das Ich auflösen könnten, müssen dann gemieden werden. Sie müssen bis zur Selbstaufgabe verleugnet werden, hier im Märchen dargestellt durch das Todesurteil.

Als die Frau getötet werden soll, kommt Graumantel angefahren. Jetzt beginnt der Verhüllte sich zu zeigen. Er kommt mit einem goldenen Wagen, der von vier schwarzen Pferden gezogen wird. Weist das Gold auf die Sonnenqualität hin, auf unzerstörbare Werte, auf eine Vollkommenheit, so ist es als Sonnenfarbe auch ein Zeichen für Bewusstsein und für die hellen Aspekte der Menschen. Die vier schwarzen Pferde hingegen sind die Pferde der Unterwelt; wenn man Gold mit Geist assoziiert, dann die schwarzen Pferde mit den dunklen, animalischen Trieben, die mit Tod und Wiedergeburt zu tun haben. Graumantel hat auch eine fürchterliche Stimme, er ist noch jetzt mächtig und auch angstauslösend.

Erinnern wir uns an die schwedische Parallele, wo das Mädchen nachts von Graumantel als einem schönen jungen Mann träumt, während Graumantel in einer Luke unten im Haus sitzt, dann ist in diesem goldenen Wagen, diesem Gefährt, das ja wieder Bewegung ins Leben dieser Frau hineinbringen wird, ausgedrückt, dass nun die Spaltung im Männerbild überwunden ist, dass zumindest jetzt die Möglichkeit dazu besteht.

Wie sehr Graumantel ein Derivat der Vaterbeziehung ist, zeigt sich in seiner Frage: »Mein Kind, was hast du gesehen, als du in den Keller gucktest?« Es ist auch in den Märchen nicht üblich, Frauen, die bereits Kinder auf die Welt gebracht haben, mit »mein Kind« anzusprechen. Im Verhaftetsein an diesen Graumantel ist unsere Frau im Märchen aber irgendwo Kind geblieben, und erst das Finden der Sprache – das Überwinden der Angst vor diesem Graumantel durch die Todesangst, die wohl noch größer ist –, gibt ihr die Möglichkeit zu sagen, was sie gesehen hat: nicht einfach ihn, sondern ihn in seiner verwünschten Form und deshalb auch in seiner angstmachenden Form.

Eine letzte Auseinandersetzung mit der »Graumantel-Welt« erfolgte bei meiner Analysandin, als sie einen Traum hatte, in dem ihr Vater ihr als Pan erschien, mit Ziegenfüßen und erigiertem Glied. Im Traum erschrak sie so sehr, dass sie erwachte. Sie begann zu verstehen, dass das Problem einer drängenden, verdrängten animalischen Sexualität hinter der Beziehung zu ihrem Vater gestanden hatte, dass dieses Problem eben auch schon das Problem ihres Vaters war.

Als die Königstochter im Märchen die verwünschte Form des Graumantels angesprochen hat, verwandelt sich Graumantel in einen hübschen Prinzen, holt die Kinder und sagt ihr, sie sei seine Frau. Im schwedischen Parallelmärchen zerfällt der graue Mantel zu Asche, und heraus kommt ein wunderschöner Prinz. Auch steht das Schloss jetzt nicht mehr im Berg, sondern auf dem Berg. Der Mann ist symbolisch von einer Hülle befreit worden, er darf sich zeigen, er muss sich nicht mehr verbergen. Oder wenn wir das Eingeschlossensein im Berg als das Umschlossensein vom Mütterlichen interpretieren, dann ist er durch die Liebe seiner Frau daraus erlöst worden. Im Märchen vom Tierbräutigam ist es ja meistens so, dass irgendeine Waldfrau oder eine Hexe den Mann in ein Tier verwandelt hat. Das kann man von zwei Seiten her betrachten: Die Mutter kann dem heranwachsenden Mädchen, damit sie es nicht verlieren muss, die animalischen Aspekte der männlichen Sexualität so sehr zum Bewusstsein bringen, dass es das Gefühl hat, Männer seien überhaupt nur »Schweine«. Umgekehrt: Wenn die Liebe des Sohnes noch der Mutter gilt, dann zeigt er den Frauen vor allem seine nur sexuellen, aggressiven Seiten. Hier in diesem Märchen scheint mir das Ganze noch subtiler zu sein, da die Mutter nicht auftritt, auch nicht fassbar ist, sondern irgendwie verborgen dahintersteht.

Der Schluss des Märchens zeigt, dass die Angst vor dem Männlichen überwunden ist, dass auch nicht mehr eine Spaltung im Erlebnis des Männlichen stattfindet, dass aber auch die Begierde, die durch die inzestuöse Beziehung zum Vater geweckt wurde, nicht mehr als gefährlich erlebt wird. Das Märchen zeigt aber auch, dass sich die Beziehung zum Männlichen aus dieser inzestuösen Beziehung heraus entwickelt hat.

Die Angst in diesem Märchen ist einerseits die Triebangst, andererseits die Angst vor dem überwältigenden Männlichen, das durch die inzestuöse Beziehung faszinierend und ängstigend zugleich ist. Die Angstbewältigung geschieht dadurch, dass sich das Mädchen konsequent an die positiven Seiten des Männlichen hält und schweigt, auch wenn klar wird, dass dadurch das Problem nicht gelöst wird. Es kommt dann auch der Moment, wo das Leben überhaupt nicht mehr weitergehen kann – die Kinder sind weg, sie darf nicht mehr leben und will wohl auch nicht mehr leben (die tödliche Langeweile meiner Analysandin) –, und in diesem Moment taucht das alte Problem auf. Dadurch, dass es rechtzeitig benannt werden kann, wird es gelöst, und dadurch kommt die ganze Lebensenergie zurück.

Es ist bei den Angstmärchen immer so, dass dann, wenn die Angst ausgehalten ist, sich irgendetwas Wunderbares ereignet, so dass sich die Angst auflöst und einer größeren Lebendigkeit Platz macht. Es ist aber wichtig, dass man den richtigen Moment findet, um die Tierhaut zu verbrennen, dass man den richtigen Moment findet, um das Schreckliche zu benennen. Ist es zu früh, dann muss nachher lange wieder gesucht werden, der Inhalt kann sich nicht verwandeln. Dies ist etwas, das wir aus der Therapie zur Genüge kennen: das zu frühe Ansprechen eines angstmachenden Geheimnisses. Allerdings kann man in den Märchen das ängstigende Geheimnis auch zu spät ansprechen. Dann bleiben die verzauberten Männer in ihrer Tiergestalt.

Allerleirauh

Ablösung vom begehrenden Vater

Es war einmal ein König, der hatte eine Frau mit goldenen Haaren, und sie war so schön, dass sich ihresgleichen nicht mehr auf Erden fand. Es geschah, dass sie krank lag, und als sie fühlte, dass sie bald sterben würde, rief sie den König und sprach: »Wenn du nach meinem Tode dich wieder vermählen willst, so nimm keine, die nicht ebenso schön ist, als ich bin, und die nicht solche goldenen Haare hat, wie ich habe; das musst du mir versprechen.« Nachdem es ihr der König versprochen hatte, tat sie die Augen zu und starb.

Der König war lange Zeit nicht zu trösten und dachte nicht daran, eine zweite Frau zu nehmen. Endlich sprachen seine Räte: »Es geht nicht anders, der König muss sich wieder vermählen, damit wir eine Königin haben.« Nun wurden Boten weit und breit umhergeschickt, eine Braut zu suchen, die an Schönheit der verstorbenen Königin ganz gleichkäme. Es war aber keine in der ganzen Welt zu finden, und wenn man sie auch gefunden hätte, so war doch keine da, die solche goldenen Haare gehabt hätte. Also kamen die Boten unverrichteter Sache wieder heim.

Nun hatte der König eine Tochter, die war gerade so schön wie ihre verstorbene Mutter und hatte auch solche goldenen Haare. Als sie herangewachsen war, sah sie der König einmal an und sah, dass sie in allem seiner verstorbenen Gemahlin ähnlich war, und fühlte plötzlich eine heftige Liebe zu ihr. Da sprach er zu seinen Räten: »Ich will meine Tochter heiraten, denn sie ist das Ebenbild meiner verstorbenen Frau, und sonst kann ich doch keine Braut finden, die ihr gleicht.« Als die Räte das hörten, erschraken sie und sprachen: »Gott hat verboten, dass der Vater seine Tochter heirate, aus der Sünde kann nichts Gutes entspringen, und das Reich wird mit ins Verderben gezogen.« Die Tochter erschrak noch mehr, als sie den Entschluss ihres Vaters vernahm, hoffte aber, ihn von seinem Vorhaben noch abzubringen. Da sagte sie zu ihm: »Eh ich Euren Wunsch erfülle, muss ich erst drei Kleider haben, eins so golden wie die Sonne, eins so silbern wie der Mond und eins so glänzend wie die Sterne; ferner verlange ich einen Mantel von tausenderlei

Pelz und Rauhwerk zusammengesetzt, und ein jedes Tier in Eurem Reich muss ein Stück von seiner Haut dazu geben.« Sie dachte aber: »Das anzuschaffen ist ganz unmöglich, und ich bringe damit meinen Vater von seinen bösen Gedanken ab.« Der König ließ aber nicht ab, und die geschicktesten Jungfrauen in seinem Reiche mussten die drei Kleider weben, eins so golden wie die Sonne, eins so silbern wie der Mond und eins so glänzend wie die Sterne; und seine Jäger mussten alle Tiere im ganzen Reiche auffangen und ihnen ein Stück von ihrer Haut abziehen; daraus ward ein Mantel von tausenderlei Rauhwerk gemacht. Endlich, als alles fertig war, ließ der König den Mantel herbeiholen, breitete ihn vor ihr aus und sprach: »Morgen soll die Hochzeit sein.«

Als nun die Königstochter sah, dass keine Hoffnung mehr war, ihres Vaters Herz umzuwenden, so fasste sie den Entschluss zu entfliehen. In der Nacht, während alles schlief, stand sie auf und nahm von ihren Kostbarkeiten dreierlei, einen goldenen Ring, ein goldenes Spinnrädchen und ein goldenes Haspelchen; die drei Kleider von Sonne, Mond und Sternen tat sie in eine Nussschale, zog den Mantel von allerlei Rauhwerk an und machte sich Gesicht und Hände mit Ruß schwarz. Dann befahl sie sich Gott und ging fort, und ging die ganze Nacht, bis sie in einen großen Wald kam. Und weil sie müde war, setzte sie sich in einen hohlen Baum und schlief ein.

Die Sonne ging auf, und sie schlief fort und schlief noch immer, als es schon hoher Tag war. Da trug es sich zu, dass der König, dem dieser Wald gehörte, darin jagte. Als seine Hunde zu dem Baum kamen, schnupperten sie, liefen rings herum und bellten. Sprach der König zu den Jägern: »Seht doch, was dort für ein Wild sich versteckt hat.« Die Jäger folgten dem Befehl, und als sie wiederkamen, sprachen sie: »In dem hohlen Baum liegt ein wunderliches Tier, wie wir noch niemals eins gesehen haben: an seiner Haut ist tausenderlei Pelz; es liegt aber und schläft.« Sprach der König: »Seht zu, ob ihr's lebendig fangen könnt, dann bindet's auf den Wagen und nehmt's mit.« Als die Jäger das Mädchen anfassten, erwachte es voll Schrecken und rief ihnen zu: »Ich bin ein armes Kind, von Vater und Mutter verlassen, erbarmt euch mein und nehmt mich mit.« Da sprachen sie: »Allerleirauh, du bist gut für die Küche, komm nur mit, da kannst du die Asche zusammenkehren.« Also setzten sie es auf den Wagen und fuhren heim in das königliche Schloss. Dort wiesen sie ihm ein Ställchen an unter der Treppe, wo kein Tageslicht hinkam, und sagten: »Rauhtierchen, da kannst du wohnen und schlafen.« Dann ward es in die Küche geschickt, da trug es Holz und

Wasser, schürte das Feuer, rupfte das Federvieh, belas das Gemüs, kehrte die Asche und tat alle schlechte Arbeit.

Da lebte Allerleirauh lange Zeit recht armselig. Ach, du schöne Königstochter, wie soll's mit dir noch werden! Es geschah aber einmal, dass ein Fest im Schloss gefeiert ward, da sprach sie zum Koch: »Darf ich ein wenig hinaufgehen und zusehen? Ich will mich außen vor die Türe stellen.« Antwortete der Koch: »Ja, geh nur hin, aber in einer halben Stunde musst du wieder hier sein und die Asche zusammentragen.« Da nahm sie ihr Öllämpchen, ging in ihr Ställchen, zog den Pelzrock aus und wusch sich den Ruß von dem Gesicht und den Händen ab, so dass ihre volle Schönheit wieder an den Tag kam. Dann machte sie die Nuss auf und holte ihr Kleid hervor, das wie die Sonne glänzte. Und wie das geschehen war, ging sie hinauf zum Fest, und alle traten ihr aus dem Weg, denn niemand kannte sie, und meinten nicht anders, als dass es eine Königstochter wäre. Der König aber kam ihr entgegen, reichte ihr die Hand und tanzte mit ihr, und dachte in seinem Herzen: »So schön haben meine Augen noch keine gesehen.« Als der Tanz zu Ende war, verneigte sie sich, und wie sich der König umsah, war sie verschwunden, und niemand wusste, wohin. Die Wächter, die vor dem Schlosse standen, wurden gerufen und ausgefragt, aber niemand hatte sie erblickt.

Sie war aber in ihr Ställchen gelaufen, hatte geschwind ihr Kleid ausgezogen, Gesicht und Hände schwarz gemacht und den Pelzmantel umgetan, und war wieder Allerleirauh. Als sie nun in die Küche kam und an ihre Arbeit gehen und die Asche zusammenkehren wollte, sprach der Koch: »Lass das gut sein bis morgen und koche mir da die Suppe für den König, ich will auch einmal ein bisschen oben zugucken; aber lass mir ja kein Haar hineinfallen, sonst kriegst du in Zukunft nichts mehr zu essen.« Da ging der Koch fort, und Allerleirauh kochte die Suppe für den König, und kochte eine Brotsuppe, so gut es konnte, und wie sie fertig war, holte es in dem Ställchen seinen goldenen Ring und legte ihn in die Schüssel, in welche die Suppe angerichtet ward. Als der Tanz zu Ende war, ließ sich der König die Suppe bringen und aß sie, und sie schmeckte ihm so gut, dass er meinte, niemals eine bessere Suppe gegessen zu haben. Wie er aber auf den Grund kam, sah er da einen goldenen Ring liegen und konnte nicht begreifen, wie er dahin geraten war. Da befahl er, der Koch sollte vor ihn kommen. Der Koch erschrak, wie er den Befehl hörte, und sprach zu Allerleirauh: »Gewiss hast du ein Haar in die Suppe fallen lassen, wenn's wahr ist, so kriegst du Schläge.« Als er vor den König kam, fragte dieser, wer die Suppe gekocht hätte. Antwortete der Koch: »Ich habe sie gekocht.« Der König aber sprach: »Das ist nicht wahr, denn sie war auf andere Art und viel besser gekocht als sonst.« Antwortete er: »Ich muss es gestehen, dass ich sie nicht gekocht habe, sondern das Rauhtierchen.« Sprach der König: »Geh und lass es heraufkommen.«

Als Allerleirauh kam, fragte der König: »Wer bist du?« – »Ich bin ein armes Kind, das keinen Vater und Mutter mehr hat.« Fragte er weiter: »Wozu bist du in meinem Schloss?« Antwortete es: »Ich bin zu nichts gut, als dass mir die Stiefeln um den Kopf geworfen werden.« Fragte er weiter: »Wo hast du den Ring her, der in der Suppe war?« Antwortete es: »Von dem Ring weiß ich nichts.« Also konnte der König nichts erfahren und musste es wieder fortschicken.

Über eine Zeit war wieder ein Fest, da bat Allerleirauh den Koch wie voriges Mal um Erlaubnis, zusehen zu dürfen. Antwortete er: »Ja, aber komm in einer halben Stunde wieder und koch dem König die Brotsuppe, die er so gerne isst.« Da lief es in sein Ställchen, wusch sich geschwind und nahm aus der Nuss das Kleid, das so silbern war wie der Mond, und tat es an. Dann ging es hinauf, und glich einer Königstochter; und der König trat ihr entgegen und freute sich, dass er sie wiedersah, und weil eben der Tanz anhub, so tanzten sie zusammen. Als aber der Tanz zu Ende war, verschwand sie wieder so schnell, dass der König nicht bemerken konnte, wo sie hinging. Sie sprang aber in ihr Ställchen, und machte sich wieder zum Rauhtierchen, und ging in die Küche, die Brotsuppe zu kochen. Als der Koch oben war, holte es das goldene Spinnrad und tat es in die Schüssel, so dass die Suppe darüber angerichtet wurde. Danach ward sie dem König gebracht, der aß sie, und sie schmeckte ihm so gut wie das vorige Mal, und ließ den Koch kommen, der musste auch diesmal gestehen, dass Allerleirauh die Suppe gekocht hätte. Allerleirauh kam da wieder vor den König, aber sie antwortete, dass sie nur dazu da wäre, dass ihr die Stiefeln an den Kopf geworfen würden und dass sie von dem goldenen Spinnrädchen gar nichts wüsste.

Als der König zum dritten Mal ein Fest anstellte, da ging es nicht anders als die vorigen Male. Der Koch sprach zwar: »Du bist eine Hexe, Rauhtierchen, und tust immer etwas in die Suppe, davon sie so gut wird, und dem König besser schmeckt, als was ich koche«; doch weil es so bat, so ließ er es auf die bestimmte Zeit hingehen. Nun zog es ein Kleid an, das wie die Sterne glänzte, und trat damit in den Saal. Der

König tanzte wieder mit der schönen Jungfrau und meinte, dass sie noch niemals so schön gewesen wäre. Und während er tanzte, steckte er ihr, ohne dass sie es merkte, einen goldenen Ring an den Finger, und hatte befohlen, dass der Tanz recht lang währen sollte. Wie er zu Ende war, wollte er sie an den Händen festhalten, aber sie riss sich los und sprang so geschwind unter die Leute, dass sie vor seinen Augen verschwand. Sie lief, was sie konnte, in ihr Ställchen unter der Treppe, weil sie aber zu lange und über eine halbe Stunde geblieben war, so konnte sie das schöne Kleid nicht ausziehen, sondern warf nur den Mantel von Pelz darüber, und in der Eile machte sie sich auch nicht ganz rußig, sondern ein Finger blieb weiß. Allerleirauh lief nun in die Küche, kochte dem König die Brotsuppe und legte, wie der Koch fort war, den goldenen Haspel hinein. Der König, als er den Haspel auf dem Grunde fand, ließ Allerleirauh rufen. Da erblickte er den weißen Finger und sah den Ring, den er im Tanze ihr angesteckt hatte. Da ergriff er sie an der Hand und hielt sie fest, und als sie sich losmachen und fortspringen wollte, tat sich der Pelzmantel ein wenig auf, und das Sternenkleid schimmerte hervor. Der König fasste den Mantel und riss ihn ab. Da kamen die goldenen Haare hervor und sie stand da in voller Pracht und konnte sich nicht länger verbergen. Und als sie Ruß und Asche aus ihrem Gesicht gewischt hatte, da war sie schöner als man noch jemand auf Erden gesehen hatte. Der König sprach: »Du bist meine liebe Braut, und wir scheiden nimmermehr voneinander.« Darauf ward die Hochzeit gefeiert, und sie lebten vergnügt bis an ihren Tod.

Dieses Märchen[10] ist bereits in der Urfassung der Sammlung der Brüder Grimm enthalten, es ist zuvor aber auch schon in einem Roman erschienen, wie Rölleke nachweist,[11] und ist ein Märchen, das zumindest über ganz Europa verbreitet und besonders auch in Frankreich sehr bekannt ist.[12]

Wenn wir uns in dieses Märchen einfühlen, dann mögen wir zunächst Wut auf diesen Vater, der eine solche Begehrlichkeit seiner Tochter gegenüber entwickelt, verspüren, vielleicht auch Abneigung, denn diese Gefühle der Begehrlichkeit des Vaters für die Tochter sind für uns sehr schwierig, sie sind ja nicht umsonst tabuiert. Es ist aber ebenso denkbar, dass wir uns mit der Königstochter identifizieren, vielleicht spüren, dass ihr Leidensweg, ihr Weg des Durchhaltens, auch unserer sein kann. Wir können uns aber ebenso über die Frau aufregen, die dem Mann vorschreibt, was er nach ihrem Tod zu tun hat. Sie konfrontiert uns mit dem Wunsch dessen, der verstorben ist, und diese Wünsche werden ja oft zu Befehlen. Auch mag sich uns die Frage aufdrängen: Hat Allerleirauh zum Schluss nicht doch den Vater geheiratet, war der neue König auch weit genug weg? Das französische Märchen ist da viel klarer: Dort verliebt sie sich in einen jungen Prinzen, der wiederum aus Liebe zu ihr ganz furchtbar liebeskrank wird.

Das Märchen beginnt damit, dass die wunderschöne Frau eines Königs stirbt, vor ihrem Tod aber noch einen Vertrag mit ihm schließt: »Wenn du dich vermählen willst nach meinem Tode, nimm keine, die nicht ebenso schön ist als ich und die nicht ebenso goldene Haare hat.« Der König verspricht es. Seine Tochter spielt zunächst noch keine Rolle, nur dieser ungeheure Verlust.

Das französische Märchen ist wortreicher und bildreicher. Zu Beginn wird dort erzählt, wie strahlend alles an diesem Königshof war, die Königin war nicht nur so schön wie die Sonne, auch die Tochter war so schön, und alles war so rein, sogar der Esel im Stall gab nie eine Unreinlichkeit von sich, sondern Gold- und Silbertaler. Im französischen Märchen wird auch beschrieben, wie die Königin es gar nicht ertragen konnte, dass ihr Mann nach ihrem Tod eine andere Frau lieben könnte und – vertrauend auf ihre große Schönheit – sicher war, dass er keine schönere Frau, als sie es war, finden konnte. Im französischen Märchen wird also klar ausgedrückt, dass die Frau ihren Mann über den Tod hinaus besitzen will, ihm vorschreiben will, was er zu tun hat. In unserem Märchen könnte man ihr immerhin noch zubilligen, dass sie ihn vor einer Dummheit bewahren will.

Und das wird als große Liebe deklariert. In diesem Familiensystem werden zunächst ohnehin »haben« und »lieben« miteinander verwechselt. Die Frau will ihren Mann behalten – auch wenn sie gar nicht mehr lebt, er ist aber auch damit einverstanden, nur eine Frau zu nehmen, die gleich schön oder noch schöner ist als sie. Hofft sie, dass er keine Frau mehr findet, wenn er den Vertrag erfüllt? Ihm geht es offenbar darum, dass er einen gleichwertigen Ersatz bekommt. Beide sehen nicht die Möglichkeit zu einem Neuansatz, den jeder Verlust in sich birgt. Damit steht der König im Märchen aber nicht allein. Wie oft werden neue Partner mit alten verglichen, und wie oft beklagt man sich, dass der neue Partner nicht wie der alte sei. Wie oft kann nach dem Tod eines Lebenspartners eine neue

Beziehung nicht eingegangen werden, weil der neue Partner mit dem alten verglichen wird, von dem man sich nicht abgelöst hat. Dieses Vergleichen ist das klarste Zeichen dafür.

Auf die Familie bezogen: Das Märchen zeigt, dass hier eine Familiensituation besteht, in der äußerst schlecht losgelassen werden kann, wo Halten, Behalten, Haben eine große Rolle spielen, wo jetzt aber losgelassen werden muss. Noch allgemeiner ausgedrückt: Es geht ums Festhalten an einem Zustand – wenn er schon gewaltsam verändert wird; es zeigt sich ein Widerstand gegen die Offenheit des Lebens.

Nun bezeichnet das Märchen aber auch die Frau als so schön, dass »sich ihresgleichen nicht mehr auf Erden fand«, zudem hat sie noch goldene Haare, was an sich im Märchen jeweils schon der Inbegriff des Schönen ist. Aber auch im Märchen dauert die Schönheit nicht ewig, das Märchen hat einen ausgeprägten Sinn für Rhythmen, die sich in allem Lebendigen zeigen: Auch für diese wunderschöne Frau gibt es Krankheit, gibt es Tod. Ich zweifle allerdings daran, ob diese Königin so schön war. Es muss ein neues Schönheitsideal gefunden werden, das auch Symbol für ein »gelungenes Leben« ist. Der Schönheit, wie die Märchen sie meinen, entspricht auch eine schöne Seele, eine gute Gesinnung.

Ob die Frau ahnt, dass ihre Tochter ihr am meisten gleichen könnte? Dürfen wir so weit gehen zu sagen, dass sie die Tochter an den Vater verkuppelt, wie wir es aus manchen Lebensgeschichten kennen?

Ich erinnere mich an eine jetzt dreißigjährige Frau, die sich im Alter zwischen vierzehn und zwanzig immer wieder in das elterliche Ehebett legte, wenn es ihr »schlecht ging«, wo der Vater sie dann jeweils in den Armen hielt, sie streichelte, sich sexuell annäherte. Das Mädchen selbst war sehr ambivalent, sie ekelte sich vor dem Vater, fühlte sich aber bei ihm doch am sichersten. Die Mutter hatte jeweils dringend noch etwas zu tun.

Aber nicht nur auf der körperlichen Ebene kommt solches Delegieren vor, Ungelebtes zwischen Mann und Frau in allen möglichen Bereichen kann in die Beziehung Vater–Tochter hineingetragen werden und dann schwierig werden, wenn die Tochter die Mutter ersetzen soll. Ich möchte mit diesen Äußerungen jetzt keinesfalls provozieren, dass die Väter, die angefangen haben, auch zärtliche Väter zu sein und zu ihren Töchtern wirkliche Beziehungen aufzubauen, nun ängstlich wieder davon ablassen. Zu bedenken bleibt aber dennoch, dass die Bewunderung der Tochter im Allgemeinen wohl leichter zu erringen ist, als sich die der Frau zu bewahren.

Und immer ist auch zu bedenken, dass es um ein Thema geht, bei dem eben die Familie als Ganzes betroffen ist, wie es sich auch in unserem Märchen zeigt: Es ist nicht nur eine Frage des Verhaltens des Vaters, es ist ebenso eine Frage des Verhaltens der Mutter, der Beziehung untereinander.

Im Märchen ist die Beziehung zwischen Mann und Frau abgebrochen, sei das nun durch den realen Tod oder symbolisch verstanden, dass die Frau in diesem System ausfällt, aber umso mehr anwesend bleibt durch den Wunsch, den sie als Sterbende getan hat und der wie ein Fluch über dem Leben des Mädchens hängt – und der eine Wandlung fast verunmöglicht. Ihr Leidensweg ist die Auseinandersetzung mit diesem Fluch.

Betrachten wir den König in seinem Trauerverhalten: Er ist lange sehr traurig, und dann beschließen die Räte, dass es so nicht weitergehen kann. Man beginnt sich zu fragen, ob dieser König auch selber etwas beschließen kann oder ob dieser Vertrag über den Tod hinaus symptomatisch ist: als Zeichen dafür, dass der König wenig autonom ist, dass für ihn gesorgt werden muss, dass er deshalb so schlecht loslassen kann.

Diese Situation kann auch unter dem Aspekt der unabgeschlossenen Trauerarbeit verstanden werden, wie wir sie häufig von Menschen kennen, bei denen »Haben«, »Behalten-Wollen« dominieren – unabgeschlossene Trauerarbeit insofern, als der König zunächst seinen Trauergefühlen Ausdruck gibt: »Er war nicht zu trösten«, heißt es im Märchen. Er hat wohl die Phase der chaotischen Emotionen voll ausgelebt, dann aber den Übergang in die nächste Trauerphase nicht bewältigt, bei der es darum ginge herauszufinden, was der Verstorbene in unserem Leben belebt hat, was die Beziehung zum Verstorbenen in uns geweckt hat, an Lebensmöglichkeiten, Stimulierungen, Entwicklungsanreizen, Empfindungsmöglichkeiten usw., die uns auch der Tod nicht nehmen kann – die Phase, in der es also darum geht, den verstorbenen oder verlorenen Menschen zu integrieren.

Diese Erinnerungs-, Auseinandersetzungs- und Integrationsarbeit wird oft nicht geleistet, man möchte stattdessen den Menschen, den man verloren hat, zurückhaben, so wie er war oder noch ein wenig besser an unsere Wünsche angepasst, oder eben einen vollwertigen Ersatz. Damit nimmt man sich die Chance, neue Beziehungen etwa mit neuen Anregungen eingehen zu können. Im Märchen sind es die Räte, die finden, so könne es nicht weitergehen, die den Trauerprozess abkürzen. Es wären also Schattenaspekte, die den Trauerprozess, der ja ein Wandlungsprozess ist, abkürzen, damit aber stören. Zunächst finden die Boten aber niemanden, der der verstorbenen Königin gleicht. Als aber die Tochter herangewachsen ist, da entdeckt der König, dass sie es ist, die seiner verstorbenen Frau wie keine andere gleicht und die auch die goldenen Haare besitzt. Und da fühlt er plötzlich eine heftige Liebe.

Vom König aus gesehen ist dies durchaus verständlich: Wenn er seine Frau, die gestorben ist, geliebt hat und jetzt eine Frau heranwächst, die ihr so sehr gleicht, die zudem wohl eben in dem Stadium ist, in dem er sich zum ersten Mal in ihre Mutter verliebt hat, ist leicht nachzufühlen, dass dieses Bild der schönen Frau, die in ihm das erste Mal Liebe entfacht hat, es auch jetzt wieder kann. Er kann das innere Bild der Frau auf seine Tochter projizieren – und er will die Tochter nun haben. Im französischen Märchen hilft noch ein Priester mit, der sagt, man könnte »den Fall wohl begründen«. Begründet habe ich die Zuneigung nun wohl auch, die aber nicht die Verbindung in Fleisch und Blut meinen kann, nicht einmal dann, wenn wir sie symbolisch ansehen: Der Vater will ja die Tochter für immer haben und sie dabei festhalten, aber er kann die Tochter nur vorübergehend behalten. Diese Faszination durch die junge Anima müsste ihn nochmals in Bewegung bringen, nicht aber zur Ruhe.

Das Mädchen verlässt in unserer Version den König, wir hören nichts mehr von ihm. In der französischen Version wird der Vater zur Hochzeit geladen – und seine Liebe ist dann wieder eine väterliche, er freut sich über den jungen Prinzen und das schmucke Paar.

Folgen wir dem Märchen: Die Räte erschrecken, die Tochter erschrickt noch mehr, hofft aber, den Vater von seinem Entschluss abzubringen. Mit dieser Haltung weist sie sich bereits als goldhaarig aus: Sie ist sich ihres eigenen Wertes bewusst und weiß sich zu helfen. Wie geht diese Rettung vor sich? Drei Kleider will sie haben und einen Mantel dazu: ein Kleid so golden wie die Sonne, ein anderes so silbern wie der Mond, ein weiteres so glänzend wie die Sterne und dann noch einen Mantel, für den jedes Tier im Reiche des Königs ein Stück Pelz hergeben muss. Den vordergründigen Grund für diesen Wunsch drückt das Märchen aus: Der Vater wird diese Kleider wohl nicht beschaffen können.

Die Tochter versucht also zunächst, einen Aufschub zu erlangen, lässt sich aber gleichzeitig alles geben, was ihr aus der Situation heraus gegeben werden kann, und das ist nicht wenig: Wir kennen diese Sonnen-, Mond- und Sternenkleider aus vielen Märchen, und immer sind sie dazu angetan, die Trägerin in immer noch größerer Schönheit erstrahlen zu lassen. Wie jedes Kleid drücken sie auch etwas vom Wesen der Trägerin aus: Das Sonnenkleid dürfte das ganze Strahlen der Sonne ausdrücken, vergleichbar der Stimmung der aufgehenden Sonne, die gewisse Menschen ausstrahlen. Beim Sonnenkleid geht es um den Ausdruck von Licht und Wärme, um erwärmendes Glänzen und Strahlen. Das silberne Mondkleid betont alles Mondhafte an ihr, das Geheimnisvolle, Zauberische, aber auch den Zusammenhang mit dem Mond als einem Gestirn, das großen Rhythmen unterworfen ist, das man aber auch mit der Fruchtbarkeit in Zusammenhang bringt. Das Sternenkleid ist in anderen Varianten ein Kleid, an dem Diamanten hängen, es geht auch hier um das Funkeln und Strahlen, also letztlich wohl um die größtmögliche Ausstrahlung.

Der Vater muss ihr diese Kleider verschaffen; durch seine Liebe oder seine Begierde wird sie aufgewertet, bekommt sie eine Wichtigkeit, die ihr nicht wirklich zusteht. Und sie scheint es zu wissen, denn sie will auch noch einen Mantel, mit dem sie alle diese Herrlichkeit zudecken kann. Wenn wir annehmen, dass diese Kleider Symbole dafür sind, dass ihr Vater sie so sehr begehrt und sie dadurch zur schönsten und mächtigsten Frau macht, so schön und so wichtig wie Sonne, Mond und Sterne, und damit auch ausdrückt, dass er wirklich für sie die Sterne vom Himmel holt, dass sie aber auch die ganze Welt ist für ihn, so könnte man den Mantel aus allen Tierfellen als einen Schutz verstehen – jeder Mantel schützt –, der ihr aus der Natur erwächst. Er ist so etwas wie eine zweite Haut, nach der sie dann auch benannt wird, nicht großartig, sondern unscheinbar, aber in seiner Vielfalt doch beeindruckend, hat man doch das Gefühl, dass mit jedem Tier ein Kontakt da sein muss, dass der Mantel an alle Tiere erinnert, die es überhaupt gibt. Schützt Mutter Natur selbst sie da? Oder ist der Mantel andersherum zu verstehen: als Schutz, der ihr durch den Kontakt mit allem Tierischen, allen tierhaften Nuancen, die in einem so wilden Begehren auch liegen, erwächst, und die sie natürlich auch spüren muss? Denn eine solche inzestuöse Begierde kann auch in der Tochter das ganze Spektrum der körperlichen Begierden wecken. Indem sie darum weiß, damit Kontakt gewinnt, ist sie besser geschützt, als wenn sie naiv die Augen davor verschlösse.

Sie bleibt da, solange sie kann, sie holt aus der Beziehung heraus, was es herauszuholen gibt, und dann flieht sie. Hatte sie gehofft, dass der Vater seine Gesinnung wandelt, so dass sie hätte bei ihm bleiben können? Aber sie kann ihres Vaters Herz nicht »umwenden«, und so fasst sie den Entschluss zu fliehen.

Einen goldenen Ring nimmt sie mit, ein goldenes Spinnrädchen und ein Haspelchen; die schönen Kleider legt sie in die Nussschale – wohl ein Zeichen dafür, dass diese Kleider als Möglichkeit zu verstehen sind, so wie aus einem Nusskern ein Baum wachsen kann. Den Mantel aber zieht sie an und macht sich schwarz. War sie vorher hell und strahlend, so fängt jetzt für sie als dunkel Gewordene, Angstgeschwärzte, buchstäblich der Leidensweg an, geschützt vom Mantel allein.

Sie geht durch die Nacht und schläft dann in einem hohlen Baum, und sie schläft, bis es Mittag ist, verlängert die Nacht. Sie ist wohl auch erschöpft, vergleichbar der Erschöpfung in jenen Lebenslagen, in denen man sich lange bemüht hat, das Gute in einer Situation zu sehen, und dabei gehofft hat, dass sich das Schwierige daran wandeln könnte; bis man schließlich einsieht, dass das nicht die richtige Art war, an ein Problem heranzukommen, und sich dann doch auf einen neuen Weg macht, aber eigentlich freudlos, niedergeschlagen. Der Baum am Wege ist uns aus vielen Märchen bekannt, er bietet Schutz, bietet vor allem auch verlassenen Mädchen Schutz. Der hohle Baum erinnert an den Baum in seinem mütterlichen, bergenden Aspekt, er kann nochmals als Mutterbauch aufgefasst werden, aber es ist keine Rückkehr zur persönlichen Mutter, sondern zum Mütterlichen in der Natur, zu dem, was uns trägt und schützt, wo wir uns getragen wissen: sei dies das Erleben unseres Körpers, der uns ja auch trägt und schützt, sei es das Erleben von erholsamem Schlaf oder etwa das Gefühl, sich fallen lassen zu können. Große Wandlungen kündigen sich im Märchen oft durch Schlaf, durch die schöpferische Pause an.

Bewusst hat sich die Königstochter zur Flucht entschlossen, sich also entschieden, aus dem sie gefährdenden Bereich wegzugehen – gefährdend, weil die Verlockung für sie, bei ihrem Vater zu bleiben, doch recht groß gewesen sein dürfte. Jetzt aber überlässt sie sich sozusagen dem Schicksal, darauf vertrauend, dass etwas geschehen wird, wenn die Zeit gekommen ist.

Das ist eine sehr typische Haltung im Märchen: Der Held oder die Heldin fassen einen Entschluss, führen ihn auch aus – und überlassen sich dann dem Schicksal, darauf vertrauend, dass sich etwas ergeben wird, was den Prozess weitertreibt. Und so arbeiten wir eigentlich auch in der Therapie: Die notwendigen Entschlüsse, Entscheidungen müssen gefasst werden, aber dann vertrauen wir darauf, dass sich etwas Neues konstelliert. Und das pflegt auch so zu sein, wenn wir offen sind für Einfälle und nicht ständig etwas »machen« wollen.

Am Mittag – als die Nacht ausgestanden ist – kommt ein anderer König und jagt in dem Wald. Allerdings hofft man da für die Königstochter, dass sie wirklich auch weit genug gelaufen ist in dieser Nacht, dass sie sich auch weit genug vom Vaterkönig entfernt hat. Jetzt – und daran zeigt sich meiner Meinung nach, dass sie wirklich in einem andern Königreich ist, in einem seelischen Raum, der nicht mehr unter der Herrschaft des alten Königs, ihres Vaters, steht – bekommt sie einen neuen Namen: »Allerleirauh«, »Rauhtierchen«, wobei im Ausdruck »Rauhtierchen« eine gewisse Zärtlichkeit nicht zu überhören ist, wie denn ja Fell überhaupt zum Streicheln einlädt, wenn es nicht zu borstig ist – ein Sternenkleid dagegen wohl eher zum Bewundern. Und jetzt zeigt sie auch ihre ganze verletzte Seite, ihre schwache Seite. Mit ihrem neuen Namen dürfte auch ein neues Beziehungsangebot verknüpft sein, das sie jetzt machen kann. Durch seine Begierde hat der Vater die Größenidee des Mädchens von sich als Königin genährt, und jetzt erlebt sie die Kehrseite davon, im Ställchen hinter der Treppe, als niedere Küchenmagd. So mag denn auch der Seufzer zu verstehen sein: »Ach, du schöne Königstochter, wie soll's mit dir noch werden!« Sie erinnert sich wiederum an ihre andere Seite, an ihre strahlende Seite, die sie aber nun nicht leben kann. Ablösung vom Vater heißt auch, ihre armselige Seite zu sehen, aber auch ihre Fähigkeit, mit anderen zusammen zu sein, zusammenzuarbeiten. Als Allerleirauh könnte sie auch in ihrem Verhalten eher borstig gewesen sein, damit man sie nicht behelligt.

Nach der Überforderung durch den Vater folgt nun dieses anspruchslose Dasein, scheinbar unter ihrem Wert, in der Küche. Von der Symbolik her wird sichtbar, dass sie sich im Mutterbereich aufhält, dass sie, seit sie aus dem Bereich des Vaters geflohen ist, immer mit mütterlichen Symbolen im Zusammenhang steht: der schützende Mantel, der Baum mit der Höhlung, die Küche, in der gekocht wird und wo sie putzen muss. Dieser Aufenthalt in der Küche bedeutet, dass sie im Mütterlichen sein muss und sein darf, dass sie nachreifen muss, dass offenbar zu wenig Mütterliches in ihrem Leben war – sei es, dass die Mutter gestorben war, sei es, dass sie ohnehin keine Wichtigkeit besessen hatte, weil der Vater so wichtig war, sei es, weil ihre Mutter wenig Mütterlichkeit besaß. Sie darf sich nun schützen, darf schlafen, sich Ruhe gönnen, muss nichts Besonderes sein, sie kann kochen, also andere verwöhnen, aber sie muss auch putzen, sich entscheiden, welchen »Dreck« sie zulassen will und welcher zu entfernen ist. Und das ist auch psychologisch der Weg, sich aus einer so starken Vaterbindung herauszuentwickeln: Das archetypisch Mütterliche konstelliert sich bei diesen Frauen, es kann erlebt werden, etwa in der Natur, es kann gesucht werden, wo immer es einem erscheint. Die Sehnsucht danach weist meistens den richtigen Weg. Es ist bloß wichtig, dass man sich in der richtigen Haltung diesem archetypisch Mütterlichen gegenüber befindet, dass man erträgt, Natur in der Natur zu sein, dass man die Einfachheit erträgt. Allerleirauh ist hier ein gutes Modell.

Die Analysandin, die ich oben erwähnte, die eine ambivalente, sexuell gefärbte Beziehung zu ihrem Vater hatte, kam in der Analyse in eine Phase, in der sie träumte, dass sie unter einem Baum lag und ihr große Kräfte zukamen. Dieser Traum zeigt, dass sich der positive Mutterarchetyp konstelliert. Ich ermunterte sie, ihre Phantasien, wie sie zu mehr Energie kommen, wie sie aber auch sich selbst besser spüren könnte, zu erfassen und dies auch in die Realität umzusetzen, so gut das möglich war. Die Frau begann, sich auf Frühlingswiesen zu legen, um die »Kraft der Erde und des wachsenden Grases« zu spüren, sie legte sich unter Bäume, die blühten, um das Aufbrechen der Blüten zu riechen und wahrzunehmen, sie stellte sich an Baumstämme, um den aufsteigenden Saft zu spüren. Alle diese Erlebnisse können verstanden werden als das ganz intensive Nachspüren des Aufbrechens der Natur, der Wiedergeburt aus der Mutter Erde. Sie begann aber auch, vermehrt Kuchen zu backen und ihn verschiedenen Menschen zu schenken. So begann sie, sich nicht nur von der Mutter Natur getragen zu fühlen, sie begann auch, sich selber mütterlich zu fühlen. In dieser Zeit hatte sie eine sehr intensive Beziehung zu ihrem Körper, sie spürte ihn als geheimnisvoll lebendig und auch als etwas, das ihr Schutz gab. Sexuelle Bedürfnisse verstand sie als Bedürfnisse, die mit dem Aufbrechen der Natur in engem Zusammenhang stehen und die sie nicht mehr bedrohten.

Als Allerleirauh schon fast daran verzweifelt, dass sie nie mehr ihre strahlende, glänzende Seite leben kann, gibt es auf einmal ein Fest im Schloss – ein Zeichen dafür, dass sich etwas Neues entwickelt, dass die Traurigkeit in Freude umschlägt. Eine neue Stimmung durchdringt das Märchen. Von sich aus nimmt sie jetzt Kontakt mit dem König auf, im Tanz, mit Hilfe der Suppe, die sie für ihn kocht, und mit dem Ring, den sie in die Suppe gibt.

Warum darf sie dem König gerade eine Brotsuppe kochen? Mir scheint, jetzt kann sie beide Seiten von sich zeigen: Mit dem Sonnenkleid hat sie ihn bezaubert; die Brotsuppe zu kochen ist dagegen eine mütterliche Geste, sie tut es ja auch als Allerleirauh; mit dem Ring schließlich bietet sie Beziehung an, Verbindung, Gebundenheit. Ring und Kleid verbinden ihre Vergangenheit mit ihrem jetzigen Zustand. Noch kann sie aber nicht dazu stehen. Und man kann sich fragen, weshalb sie sich weiter erniedrigt, dem König sagt, sie sei nur dazu gut, dass man ihr die Stiefel um den Kopf werfe. Weshalb erniedrigt sie sich so? (Diese Aussage steht allerdings in anderen Märchenversionen in einem bestimmten Bedeutungszusammenhang, weil ihr, als Rauhtierchen, wirklich vom König Stiefel an den Kopf geworfen wurden.) Haben wir es hier mit dem typischen Cinderella-Komplex (Aschenputtel-Komplex) zu tun, in dem Frauen sich erniedrigen, damit sie dann erhöht werden, und wo sie so leicht unter die Herrschaft eines Mannes geraten, der ihre Erhöhung dann vornimmt? Oder könnte es sein, dass sie nicht zu schnell wieder in ihrem vollen Glanz erstrahlen möchte, weil sie dann wieder darauf festgelegt würde und ihre andere Seite vergessen könnte? Vielleicht hat sie durch des Vaters Begehren Angst vor ihrer erotischen Ausstrahlung und deren Wirkung überhaupt bekommen und kann sie deshalb jeweils nur für einen Moment zulassen.

Beim nächsten Fest bezaubert sie den König wieder und lässt ihn dann stehen, legt ihm aber das goldene Spinnrädchen in die Suppe. Spinnrad und Haspel weisen auf die großen Schicksalsgöttinnen hin, die den Faden des Schicksals spinnen. Sind sie Zeichen dafür, dass hier das Schicksal am Werk ist? Andererseits gibt Allerleirauh auch einfach das in die Suppe, was sie zu geben hat, um den Kontakt mit dem König nicht abbrechen zu lassen. Beim dritten Fest aber wird der König aktiv und steckt ihr den Ring an den Finger; sie kann sich auch nicht ganz schwärzen – die Zeit ist vorbei, sie ist erkannt. Auch kann sie das Sternenkleid nicht mehr ausziehen; jetzt trägt sie beides, das Sternenkleid und den Allerleirauh-Mantel, und das sind wohl ihre zwei Seiten, die sie wirklich hat, und so erkennt sie der König und will sie zur Frau haben. Wenn ihr Mantel aus Pelz allerdings auch mit den sexuellen Erfahrungen, die sie mit ihrem Vater machte, zu tun hat, die ja schuld daran sind, dass sie sich anschließend versteckt, ihre Werte nicht mehr zeigt, dann hieße das auch, dass der neue Partner sie gerade mit diesem Stück Vergangenheit akzeptieren muss.

Das Märchen bezeugt, sie hätten dann vergnügt miteinander gelebt, bis an ihren Tod. Es soll jedoch eine Allerleirauh-Variante geben, in der gleich nach der Hochzeit die Auseinandersetzung mit der Mutter des Königs erfolgt, die mit dieser Schwiegertochter nicht einverstanden ist.[13] Das wäre durchaus verständlich: Mir scheint, dass das Märchen einen Weg zeigt, den diese Frau zurücklegen muss, um sich aus der inzestuösen Situation mit dem Vater, bedingt durch die Abwesenheit der Mutter, zu retten. Sie findet zu einem neuen Partner, der als König und nicht als Königssohn angesprochen wird, und es bleibt das Gefühl, dass er sehr nah beim Vater wohnt, auch wenn er der Vater nicht ist. Das entspräche einer lebensgeschichtlichen Situation: Wo die Vaterbindung so stark war, der Vater so sehr die Tochter aufwertete, wird das Bild des Männlichen stärker als üblich von diesem Vater mitgeprägt sein. Wir können Allerleirauh auch als eine Frau sehen, die von einem Vater sehr in Beschlag genommen, in deren Psyche das Väterliche sehr dominierend ist – weil das Mütterliche »gestorben« ist, seine Wirksamkeit eingebüßt oder doch nur auf eine Weise behalten hat, dass die Tochter dem Väterlichen in die Arme getrieben wurde.

Man könnte sich hier eine junge Frau vorstellen, die ganz den väterlichen Werten verhaftet ist, denen des persönlichen Vaters, aber auch denen des kollektiv traditionell Väterlichen – und bei diesen Vätern auch sehr groß herauskommt, glänzt. Sie spürt aber, dass dabei etwas nicht richtig ist, dass sie nicht sie selber werden darf. Sie genießt Glanz und Schutz, die ihr die Situation bieten, doch dann geht sie weg, man könnte das wohl auch Aussteigen nennen, geht in die Natur, geht in sich, wird ganz einfach, vielleicht auch depressiv dabei, und dann konstelliert sich eine andere männliche Seite, mit der sie sorgfältig Kontakt aufbaut, die weniger mächtig zu sein scheint, gemessen an der Begierde des Vaters.

Wenn man Allerleirauh so auffasst, dass man den Vater symbolisch nimmt, dann würde das Märchen den langwierigen Ablöseprozess zeigen, durch den eine Tochter sich von diesem Väterlichen wegentwickelt, oder aber allgemeiner: wie überhaupt eine Entwicklung zustande kommt. Dem Väterlichen verhaftet zu sein kann ja auch heißen, dem verhaftet zu sein, was schon immer gegolten hat, und damit nichts Neues, nichts Unverhofftes ins Leben einzulassen, besonders, wenn Vater und Mutter so sehr darauf beharren, das Alte festzuhalten.

Das nachfolgende, von der Geschichte her ähnliche Märchen knüpft an diese Thematik an.

Schweinehaut

Die eigene Identität finden durch Liebe

Ein Großfürst hatte eine wunderschöne Frau, die liebte er über alle Maßen. Als die Fürstin starb, hinterließ sie ihm eine einzige Tochter, die war ihrer Mutter so ähnlich wie ein Tropfen Wasser dem anderen. Der Großfürst sprach: »Liebe Tochter! Nun will ich dich heiraten.« Sie ging auf den Friedhof zu dem Grab ihrer Mutter und weinte herzzerreißend. Da sprach die Mutter: »Lass dir ein Kleid kaufen, es soll über und über mit Sternen besetzt sein.« Der Vater kaufte ihr ein solches Kleid und begehrte sie noch heftiger. Die Tochter ging abermals zu ihrer Mutter, die Mutter sprach: »Lass dir ein Kleid kaufen, auf dem Rücken soll der helle Mond leuchten, auf der Brust die helle Sonne.« Der Vater kaufte ihr ein solches Kleid und begehrte sie noch heftiger. Da ging die Tochter noch einmal auf den Friedhof und weinte herzzerreißend: »Mütterchen, der Vater begehrt mich noch heftiger.« – »Dann, Kindchen«, antwortete die Mutter, »lass dir ein Kleid aus Schweinehaut nähen.« Der Vater befahl, ein Kleid aus Schweinehaut zu nähen. Sobald die Schweinehaut zusammengenäht war, schlüpfte die Tochter hinein. Der Vater spie sie an, jagte sie aus dem Haus und gönnte ihr weder eine Magd noch Brot auf dem Weg. Sie schlug ein Kreuz über ihre Augen und trat aus dem Tor hinaus. »Ich will nach Gottes Ratschluss wandern!« Sie wanderte einen Tag, sie wanderte einen zweiten Tag, sie wanderte einen dritten Tag und kam in ein fremdes Land.

Auf einmal zogen Wolken auf, ein Gewitter brach los. Wo sollte sie sich vor dem Regen schützen? Da sah die Prinzessin eine riesige Eiche. Sie kletterte hinauf und setzte sich auf einen dichtbelaubten Ast. Ein Zarensohn jagte um dieselbe Zeit in der Nähe. Als er an der Eiche vorbeifuhr, waren seine Hunde kaum zu halten, sie bellten, zogen und ließen sich nicht beruhigen. Der Zarewitsch wollte wissen, warum seine Hunde den Baum anbellten. Er schickte seinen Diener zur Eiche; der Diener kehrte zurück und sagte: »Ach, Majestät! Auf der Eiche sitzt ein Tier, das kein Tier ist, sondern das Wunder aller Wunder!« Der Zarensohn trat an die Eiche und fragte: »Was bist du für ein Wundertier? Kannst du sprechen?« Die Prinzessin antwortete: »Ich bin Schweinehaut.« Der Zarewitsch fuhr nicht weiter, jagte nicht länger, sondern hob Schweinehaut in seine Kutsche und sprach: »Ich will dieses Wundertier meinen Eltern zeigen!« Der Vater und die Mutter staunten und wiesen ihr eine besondere Kammer an.

Kurze Zeit darauf lud der Zar zu einem Ball. Alle Hofleute waren dabei und amüsierten sich. Da fragte Schweinehaut einen Diener: »Darf ich mich an die Tür stellen und bei dem Fest zuschauen?« – »Das ist nichts für dich, Schweinehaut!« Da ging sie ins freie Feld hinaus und legte ein strahlendes Kleid an, über und über mit Sternen besetzt! Dann pfiff sie und rief mit lauter Stimme, und schon fuhr eine Kutsche vor; sie stieg ein und ließ sich zu dem Ball fahren. Sie kam und tanzte ohne Unterlass. Alle staunten: Wer war diese schöne Fremde? Nachdem sie genug getanzt hatte, verschwand sie unbemerkt; sie zog wieder die Schweinehaut über und schlüpfte in ihre Kammer. Der Zarewitsch kam zu ihr und fragte: »Bist du vielleicht die Schöne, die auf dem Ball tanzte?« Sie antwortete: »Wie soll ich, Schweinehaut, tanzen? Ich habe nur eine Weile an der Tür gestanden.«

Und wiederum lud der Zar zu einem Ball. Schweinehaut bat um Erlaubnis, ein wenig durch den Spalt zu spähen. »Das ist nichts für dich!« Sie ging ins freie Feld, sie pfiff und rief – nicht nach Räuberart, sondern mit ihrer Mädchenstimme –, und schon fuhr die Kutsche vor; sie streifte die Schweinehaut ab und zog ein Kleid an: auf dem Rücken leuchtete der helle Mond, auf der Brust die goldene Sonne! Sie kam und tanzte ohne Unterlass. Die Gäste ließen kein Auge von ihr. Nachdem sie genug getanzt hatte, verschwand sie unbemerkt. »Was können wir jetzt tun?«, sagte der Zarensohn. »Wie können wir erfahren, wer diese Schöne ist?« Und schließlich verfiel er darauf, die erste Treppenstufe mit Pech zu bestreichen, damit ihr Schühchen daran kleben bliebe.

Bei dem dritten Ball war die Prinzessin noch schöner anzusehen, aber als sie den Palast verlassen wollte, blieb ihr Schühchen an dem Pech kleben. Der Zarewitsch hob das Schühchen auf und zog damit durch das ganze Land, um das Mädchen zu finden, dem dieses Schühchen passte. Er reiste durch sein ganzes Reich – keiner wollte das Schühchen passen. Er kehrte nach Hause zurück, ging zu Schweinehaut und sagte: »Zeig mir deine Füße!« Sie zeigte ihm ihre Füße. Er probierte ihr den Schuh an – der Schuh saß wie angegossen. Der Zarewitsch schlitzte die Schweinehaut auf und zog sie ihr aus. Darauf nahm er die Prinzessin an ihrer weißen Hand und ging mit ihr zu seinen Eltern, um sie um ihren Segen für seine Vermählung zu bitten. Der Zar und die

Zarin segneten die beiden. Bald darauf feierten sie Hochzeit; der Zarewitsch fragte seine Frau: »Warum hattest du die Schweinehaut übergezogen?« – »Weil ich meiner seligen Mutter ähnlich bin«, antwortete sie, »und mein Vater mich zur Frau nehmen wollte.«

Dieses russische Volksmärchen[14] ist dem vorangegangenen Märchen sehr ähnlich, nimmt aber nochmals eine andere Akzentsetzung vor: Es geht um den Weg einer Frau, die, wie Allerleirauh, zu sehr von ihrem Vater begehrt wird, sich dann aber vom Vater lösen, aus einer mangelnden Abgrenzung von der Mutter befreien kann und zu einer eigenen Identität findet – in der Beziehung zu einem gleichaltrigen Mann.

Das Eingangsproblem ist ähnlich wie bei *Allerleirauh:* Es wird uns eine Trennungsproblematik geschildert, und zwar bei einer Familie, bei der sehr große Nähe üblich war: Der Vater liebte die Mutter über alle Maßen – vielleicht musste sie deshalb sterben, denn über alle Maßen geliebt zu werden, ist schon ein bisschen viel, unmäßig. Tochter und Mutter gleichen sich wie ein Tropfen dem anderen, das heißt, sie sind identisch; die Tochter ist nicht wirklich eine eigenständige Frau, sondern noch ganz identifiziert mit der Mutter. Eine radikale Veränderung steht an, im Märchen dadurch ausgedrückt, dass die Mutter stirbt. Die Trennungsproblematik wird aber auch jetzt nicht bewältigt, sondern zunächst verdrängt. Die alten Zustände sollen wiederhergestellt werden. Der Vater sagt ohne Zögern: »Liebe Tochter! Nun will ich dich heiraten.«

Wir haben also wieder das Thema des Inzests vor uns, wobei man diesen Inzest ganz konkret oder aber symbolisch sehen kann: Der Vater will die alten Zustände wiederherstellen und einen Verlust wettmachen, indem er das nächstbeste Substitutionsobjekt nimmt, um dies zu erreichen und die Wirkung des Verlustes möglichst auszuschalten. Auf das Mädchen oder die junge Frau bezogen heißt das in jedem Fall, dass sie sich nicht aus dem Elternhaus herausentwickeln kann. Nichts bindet so sehr und so leidenschaftlich an die Eltern wie sexuelle Beziehungen. Symbolisch aufgefasst bedeutet der Inzest, dass dieses sehr symbiotische Familiensystem bewirkt, dass die Tochter immer nur denken darf, was der Vater denkt, nur fühlen, was der Vater für richtig und für sie für passend hält.

Das ist ein weitreichendes Problem: Es gibt sehr viele Frauen, die eine sogenannte abgeleitete Identität haben. Sie werden nicht zu

Frauen, die mit sich selbst identisch sind, was eine Auseinandersetzung auch mit dem Mutterkomplex bedingt, sondern sie lassen sich vom Vater und dann von Vatergestalten eine Daseinsberechtigung geben und auch eine Identität verschreiben.[15]

Was auf der Identitätsebene möglich ist, gibt es auch auf der Denkebene: Wenn in der Wissenschaft immer nur das gilt, was man zitieren kann, dann bleiben wir immer im Gedankenschutz der Väter. Dann ist für Originalität oder für die Zukunft, für die Vision überhaupt kein Platz.

Dieses Inzestuöse, das uns in diesem Märchen auf eine liebevolle Art – was es möglicherweise noch schlimmer macht – entgegentritt, ist ein sehr weit verbreitetes Problem. Es reicht vom persönlichen, konkreten Inzest, der mit einer ungeheuren Verletzung der Würde der Tochter einhergeht, bis hin zu einer Vereinnahmung ins Geistige hinein, die es ihr auch unmöglich macht, sie selbst zu sein.

Das Märchen *Schweinehaut* zeigt einen Weg aus dieser blockierenden Situation – ein Weg, der den inzestuös geschändeten Töchtern oft nicht offensteht. Es ist ein Entwicklungsweg, der auf der ursprünglichen Beziehung zur guten Mutter gründet. Die gute Mutter ist gestorben. Entweder ist das konkret zu verstehen oder symbolisch als Ausdruck dafür, dass sie nicht mehr wirksam im Leben dieses Mädchens ist. Das Mädchen muss sich so oder so von ihr ablösen. Aber sie hat ihre gute Mutter verinnerlicht: Die Mutter sowohl als Modell für ein Frauenleben als auch in Gestalt von »mütterlichen Ratschlägen« ist in ihrer Erinnerung präsent. Deshalb kann sie zu Mutters Grab gehen und mit ihr sprechen. Die Ratschläge, die die Mutter ihr gibt (sie entsprechen den Wünschen der Königstochter in *Allerleirauh*), erscheinen in dieser inzestuösen Situation auf den ersten Blick doch recht sonderbar zu sein: Sie soll sich ein Kleid geben lassen, über und über mit Sternen besetzt, und später ein Kleid, das auf dem Rücken den Mond und auf der Brust die Sonne abbildet.

Wir wissen aus dem Fortgang des Märchens, dass der Vater sie daraufhin nur noch mehr begehrt. Denn in einem Sternenkleid, in einem Sonne-und-Mond-Kleid, da erscheint die Tochter sozusagen als ein kosmisches Prinzip, nicht mehr bloß als ein Mädchen, als eine Anima mundi sozusagen, fast überirdisch, strahlend; und dieses Strahlen hat sie ganz deutlich auch noch aus der Identität mit der Mutter, mit dieser wunderbaren Frau. Sie könnte also in diesen

Kleidern noch mehr die Liebesprojektion des Vaters auf sich ziehen: »Du bist für mich wie die Sonne, du bist für mich wie der Mond, du bist für mich wie die Sterne am Himmel«, müsste er ihr sagen. Das sind Worte, die Liebende zueinander sagen. Psychologisch gesehen findet eine grandiose Idealisierung statt. Der Vater idealisiert seine Tochter, oder allgemeiner: Die Männer idealisieren die Frauen. Diese Idealisierung entspricht einer unpersönlichen Bewunderung und nicht einer lebendigen Beziehung. Die Verzweiflung der Tochter wird denn auch vom Vater überhaupt nicht gesehen; wäre er auf sie bezogen, müsste er sie sehen. Es geht nur um Schönheit, um Faszination. Es geht auch darum, dass die Frau, die er begehrt, besonders ist.

Warum hat die Mutter geraten, sich als Erstes schöne Kleider vom Vater zu wünschen? Jede Komplexkonstellation, die unser Leben deutlich prägt, so schwierig sie auch sein mag, hat auch ihre Vorteile, ihre fördernden Wirkungen auf unser Leben.[16] Und mit einem Vaterkomplex, bei dem der ihn auslösende Vater positiv mutterkomplexig ist, unter anderem also auch erotisch aufgeladen, kann sich eine Frau sehr viel Bewunderung holen und dadurch auch das Lebensgefühl und Selbstbild, dass sie ein strahlendes, Männer verzauberndes Wesen ist. Dieses Gefühl und diese Wirkung muss sie ja nicht aufgeben, bloß weil diese Lebensperspektive zu einfach und zu naiv ist und es deshalb Probleme geben muss.

Die Märchen raten immer wieder, alles, was durch eine Komplexkonstellation an Lebensmöglichkeiten belebt worden ist, auszuschöpfen. Deshalb sagt die Mutter zu ihr, sie soll sich diese Sternen- und Sonne-und-Mond-Kleider wünschen, die sie zum »Star« machen. Sie ist dann wunderschön und begehrenswert, einfach, weil sie ein junges Mädchen ist und Anteil hat an dieser kosmischen Schönheit, wohl auch an den kosmischen hellen Göttinnen. Ihr eigener Verdienst ist ihre Ausstrahlung jedoch noch nicht.

Der dritte Ratschlag bringt eine Veränderung: »Lass dir ein Kleid aus Schweinehaut nähen.« Wenn Kleider oder auch Häute in den Märchen erwähnt werden, wie dies ja auch schon in *Allerleirauh* der Fall war, ist es hilfreich zu überlegen, wie wir uns selber in so einem Kleid fühlen würden. Wie würden wir uns in einem Sternenkleid fühlen, wie in einem Sonne-und-Mond-Kleid, und wie wäre das Lebensgefühl in der Schweinehaut? Wir können uns auch vorstellen, wir gingen an Fasching, Fasnacht bzw. Karneval als Schweinehaut kostümiert. Wir haben in der Umgangssprache in diesem Zusammenhang einige (einschlägige) Ausdrücke: Man fühlt sich »sauwohl«, wenn man »die Sau herauslässt«, und hat es dabei noch »saulustig«. Es könnte durchaus Freiheitsgrade bewirken, in einer solchen Schweinehaut zu stecken, zumindest vorübergehend. Überlegen wir uns aber, wie die anderen Menschen uns anschauen würden, wenn wir mit einer Schweinehaut herumliefen, dann werden vielleicht auch noch andere Gefühle wach. Und noch einmal anders werden unsere Gefühle sein, wenn wir uns vorstellen, dass wir die Schweinehaut für längere, unbestimmte Zeit tragen müssten.

Das Märchen erzählt, dass der Vater zwar noch ganz arglos das Kleid nähen lässt – er ist unheimlich naiv, nur auf die rasche Befriedigung seiner Lust bezogen –, dann aber Gift und Galle speit. Dieser Vater erinnert an Väter, die vom ursprünglich positiven Mutterkomplex geprägt sind, sich zu wenig Autonomie erworben haben und die ihre Töchter erotisch sehr stimulieren können. Sie können dem kleinen Mädchen das Gefühl geben: »Du siehst ganz toll aus, und du bist ganz wichtig für mich, und du wirst einmal eine ganz wunderbare Frau.« Wenn dann diese Mädchen wirklich weibliche Formen annehmen und sich auch ein bisschen verführerisch benehmen, gerade auch nicht dem Vater gegenüber, dann kommt sehr oft der Ausdruck: »Du bist ja eine Nutte.« Dann werden sie für das, was lange so attraktiv war und was so sehr durch die Bewunderung gefördert wurde, plötzlich bestraft. Ein Einbruch im Selbstwertgefühl der Frau ist die Folge.

Was hat es nun mit dieser Schweinehaut auf sich? Wir haben wohl an ein Wildschwein zu denken. Wenn man sie nicht zur Unzeit trifft, sind Wildschweine sehr friedliche Tiere. Sie lieben es, sich in Erde und Wasser zu suhlen, ganz besonders wenn Erde und Wasser so ein bisschen »wärmlich« sind. Wenn man ihnen zuschaut, kann man die Wohligkeit, die sie im Körper haben, geradezu mitspüren. Sie müssen auch ein gutes Hautgefühl haben. Sie sind gesellig, friedlich und sehr fruchtbar. Sie gelten als unspezialisierte Tiere, sind unkompliziert, haben einen guten Geruchssinn. Dass sie für uns Glückssymbole sind, hat im Wesentlichen mit ihrer Fruchtbarkeit zu tun. Nun sind die Organe des Schweines den Menschenorganen sehr ähnlich – so weit ist also das Schwein von uns Menschen nicht entfernt. In der griechischen Mythologie gehört das Schwein zu Demeter und Kore, also zur Großen Göttin und ihrer Tochter.[17] Das Schwein heißt auf griechisch *hys* – und die Gebärmutter *hystera*. Insofern hat das Schwein auch sehr viel zu tun mit der dunklen Seite der Göttin, deren lichte Seite wir durch die Symbole Sonne, Mond und Sterne repräsentiert sehen konnten.

Was das Mädchen im Märchen auf den Rat der Mutter hin anzieht, sind also zunächst die Kleider der kosmischen hellen Göttin, dann aber die Kleider der dunklen Erdgöttin. Die mag man(n) nun eben weniger. Das Mädchen hat noch keine originäre Identität. Sie trägt immer noch Kleider, die sie bekommen hat, sie steckt noch nicht in ihrer eigenen Haut, aber sie zeigt sich in den Identifikationen mit der Großen Göttin. Dass man das Schwein nicht mag, heißt, dass man die Erdverbundenheit der Frau, die natürlich mit Menstruation, mit Geburt, mit Tod, mit der sexuellen Seite, mit der genüsslichen körperlichen Seite, die durchaus auch dreckige Aspekte haben mag, ablehnt und entwertet. Es muss alles »clean« sein. In der androzentrischen Weltsicht wurden mit der Entwertung der Frau auch die Tiere entwertet, ganz besonders das Schwein. Wenn man zu einer Frau sagt: »Du blöde Sau«, dann ist das eine ziemlich schlimme Beschimpfung; »Du blöde Kuh« ist wesentlich netter.

Was ist in den Vater gefahren, dass er so heftig reagiert? Der Vater ist wohl über die Konkretion seines Wunsches erschrocken. Für ihn ist eine Frau zum Bewundern da. Deshalb liebt er sie auch über alle Maßen, also un-mäßig. Wenn sie nicht zu bewundern ist, dann ist sie eben zu verachten. Jetzt speit er sie an, jagt sie fort.

Das Mädchen selbst schlägt ein Kreuz und geht auf den Weg nach Gottes Ratschluss. Das ist etwas, das die Märchen uns immer wieder vermitteln: Wenn einmal ein guter Vater da gewesen ist, dann kann man die Erfahrungen mit ihm, das Vertrauen, das man zu ihm hat, auch auf den Großen Vater übertragen, und im Märchen ist dieser Sachverhalt ausgedrückt im Satz: »Ich will nach Gottes Ratschluss wandern!« Drei Tage geht sie und kommt in ein fremdes Land: Sie betritt nun Neuland. Das ist ganz entscheidend. Sie ist nicht mehr komplexhaft an ihre Herkunft gebunden, sondern sie kann hinausgehen in die große Welt. Die Wolken und das Gewitter kündigen an, dass sich die konflikthaften Spannungen lösen werden. Schutz vor dem Gewitter sucht Schweinehaut nun ausgerechnet auf einer riesigen Eiche. Jedes Kind weiß, dass Eichen den Blitz anziehen. Wenn sie nun auf der Eiche vor dem Gewitter

Schutz sucht, dann braucht sie zwar Schutz, aber der Blitz soll durchaus einschlagen. Der Blitz ist mythologisch das Feuer des Zeus, der es von oben auf die Erde schleudert, der Fruchtbarkeit bringt. Der Blitz hat auch Verbindung zur erotischen und sexuellen Liebe: »Bei dem oder der hat der Blitz eingeschlagen«, sagen wir, oder: »Es hat eingeschlagen wie ein Blitz.«

Der Baum ist immer eine Zufluchtsstätte vor angreifenden Tieren, eine Stätte des Schutzes. Nun haben wir aber einen bestimmten Baum: eine Eiche. Eichen sind sehr stattliche Bäume, früher waren sie Nahrungsbäume, und die Eicheln sind natürlich auch Nahrung für die Wildschweine. Bäume sind nicht nur Symbole für Zufluchtsstätten, für Schutz: In der Mythologie werden Götter unter den Bäumen geboren. Das heißt auch, dass Götter als Geburtshelfer da sind, dass alles bereit ist für einen Neubeginn: ein Neubeginn im Zeichen der Eiche. Die Eiche gehört zu Jupiter und Zeus, zu denen auch die Blitze gehören. Eichen haben sehr viel mit religiösen, moralischen und rechtlichen Gefühlen zu tun. Man hat sehr lange noch unter den Eichen Recht gesprochen. Sie galten auch als Freiheitsbäume. Unter den Linden, da sitzen die Verliebten, da geht man tanzen, da sind die Feen usw. Undenkbar: eine Fee unter der Eiche. Eichen sind Bäume, die mehr mit Freiheit und Ordnung zu tun haben.

Dieses Mädchen hat den Vaterbereich verlassen, sie wird nicht mehr bewundert, sie ist allein, auf sich gestellt. Die Frage der eigenen Identität ist nun ganz zentral. Aber sie hat das Lebensgefühl – und das ist, meine ich, in der Eiche als Aufenthaltsort ausgedrückt – von Schutz und Geborgenheit behalten. Sie behält das Gefühl, es werde schon irgendwie weitergehen, es müsse eine zuverlässige Festigkeit im Leben geben, sie bleibe auch weiterhin eingebunden in eine Weltordnung, sie werde letztlich schon zu ihrem Recht kommen. Und das alles zusammen könnte Schweinehaut ein Gefühl von ängstlich-hoffnungsvoller Freiheit geben.

Tiefenpsychologisch gesehen heißt das: Auch wenn wir uns von den persönlichen Eltern ablösen, möglicherweise auch abrupt abgrenzen, eine radikale Trennung vollziehen – gute und auch schlechte Anteile von Vater und Mutter, die wir verinnerlicht haben, gute und schlechte väterliche und mütterliche Seiten, die durch die Eltern geweckt worden sind, die nehmen wir mit uns, die tragen wir in uns. In diesem Märchen ist deutlich die Anwesenheit der

Geborgenheit spendenden Mutter zu spüren, aber auch die des eine Weltordnung verkörpernden Vaters.

Gerade jetzt – eine »Neugeburt« ist ja fällig – tritt ein Zarensohn auf. Dieser jagt so im Wald vor sich hin. Seine Hunde nehmen Witterung auf. Er ist wohl in einer Verfassung, in der er Bereitschaft zeigt, sich auf Verborgenes, auf Unerwartetes, auf den glücklichen Zufall einzulassen. Er lässt seine instinktive Spürnase etwas spielen: »Wo gibt es etwas für mich zu jagen?« Eine latente sexuelle Bereitschaft könnte damit angedeutet sein. Aber er ist ein Jäger, und Jäger gehen nicht einfach jedem Wild nach, sondern sie versuchen sehr genau herauszufinden, welches Wild man dingfest machen muss und welches man weiterleben lassen soll. Übertragen würde das heißen, dass er durchaus dabei ist, seine Triebkräfte ein bisschen zu disziplinieren. Aber er ist in einer Bereitschaftsstellung; und er lässt sich ganz selbstverständlich auf diesen animalisch vegetativen Bereich ein, den der Vater zu Beginn des Märchens so gar nicht zulassen konnte. Deshalb auch die Bemerkung: »Auf dem Baum sitzt das Wunder aller Wunder.«

Schweinehaut wird nun bewundert für ihre Schweinehaut, und hier ist meiner Meinung nach wirklich der Umschlagspunkt in diesem Märchen: Der Vater hat gespien, und jetzt kommt da ein Mann und sagt: »Das ist das Wunder aller Wunder.« Sie ist erkannt. Sie wird auch als Schweinehaut akzeptiert. Der Zarensohn begehrt sie aber nicht einfach als Schweinehaut – das wäre ja genauso einseitig, wie einfach eine »Sternenfrau« zu wollen, eine Sternenprinzessin –, sondern er fragt sofort: »Kannst du sprechen?« Beim Vater war sie sprachlos, jetzt kann sie sprechen und sagt: »Ich bin Schweinehaut.« Sie identifiziert sich also mit ihrer Haut. Sie sagt damit: »Ich bin im Moment ein unteres Tier. Ich bin vielleicht schmutzig, sexuell, aber auch verschattet.« Der Prinz kann diese Situation akzeptieren.

Damit haben wir eine Ablösung von den ersten Eltern und eine Integration in ein neues soziales Umfeld, denn sie wird den Eltern des Prinzen vorgestellt und bekommt eine spezielle Kammer. Das heißt, sie bekommt ihren eigenen Raum – für ihre Identitätsfindung etwas ganz Wichtiges. Ihre Identifikation mit Schweinehaut in der ihr wohlgesinnten Umgebung heißt aber auch: »So bin ich *jetzt*.« Es gibt viele Mädchen, denen der Vater nachgestellt hat oder die sehr früh von anderen Männern sexuell belästigt wurden, die sich künstlich sehr schmutzig machen oder die immer in Sack und Asche gehen, um diesen Nachstellungen zu entfliehen. Oder manche pubertierenden Mädchen verachten die Dusche oder sonstige Waschgelegenheiten, weil sie es einfach toll finden, ihren original kreatürlichen Geruch zu haben. Der ist ja so schlecht auch nicht, aber da man in unserer Gesellschaft gut zu riechen hat, ist das auch eine Form der Abgrenzung: Man lebt den Schatten der Gesellschaft, man unterscheidet sich von den anderen. Dieser Zustand ist aber ein vorübergehender, denn wenn man den Schatten der Gesellschaft lebt, hat man auch noch keine eigene freie Identität, bloß eine, die polar zum Geforderten steht.

Die Erlösung erfolgt im Märchen auf dem Ball: Der Zarensohn veranstaltet einen Ball. Bälle haben im Märchen immer mit der Partnersuche zu tun, sind aber auch Orte der Lustbarkeit, der Bewegung, der Freude. Wahrscheinlich ist die Hoffnung die, dass man im Trubel der Hochgestimmtheit dann endlich die Richtige oder den Richtigen findet. Wir wissen, dass das Gegenteil natürlich genauso stimmt. In der Hochgestimmtheit, die die eigenen Emotionen viel deutlicher werden lässt, Hemmungen abbaut, kann man nicht nur den Richtigen oder die Richtige finden, man kann auch den Falschen oder die Falsche für den Richtigen oder die Richtige halten. Die Verstärkung der Emotionen macht unser Handeln nicht primär gültiger, auch in dieser Situation wäre noch ein Rest gesunden Menschenverstandes zu wünschen. Das gilt aber weniger für Märchenbälle: Da wird nämlich die Richtige gefunden.

Jetzt trägt Schweinehaut das Sternenkleid, das Sonne-und-Mond-Kleid. Sie tritt in ihren alten, wunderschönen Kleidern wieder auf. Sie könnte sich sagen: »Ich bin nicht nur Schweinehaut. Ich bin auch die Prinzessin, die ein Sternenkleid, die ein Sonne-und-Mond-Kleid tragen kann.« Beim dritten Kleid wissen wir nur, dass es noch großartiger ist. Wie es aussieht, ist unserer Phantasie überlassen. Schweinehaut zeigt alle ihre Identifikationsformen: Sie kann auch eine strahlende Frau sein, eine Frau, die einen die Alltagssorgen vergessen lässt.

Der Prinz denkt von Anfang an, dass in der wunderschönen Prinzessin Schweinehaut stecken könnte, spricht sie auch darauf an und akzeptiert dennoch ihre Falschaussage. Er dringt nicht in sie – im Gegensatz zum Vater. Er sagt sich wahrscheinlich innerlich: »Solange du an deiner Identität als Schweinehaut festhalten musst, tue es.« Den Trick mit dem Pech am Schuh kennen wir aus verschiedenen anderen Märchen. Da hat die Frau dann eben Pech gehabt, und dieses Pech bringt letztlich das Glück.

Der Zarensohn geht mit dem Schühlein durch das ganze Land und sucht den richtigen Fuß dafür. Man fragt sich, warum er nicht zu Hause mit dem Suchen anfängt. Das wäre aber ein ganz großer Fehler gewesen, denn er muss sich ja auch noch etwas differenzieren. Er findet Schweinehaut einfach eine ganz tolle Frau – das Wunder aller Wunder –, aber er ist im Grunde genommen genauso einem allgemeinen Ideal verfallen, einem Frauenbild, wie der Vater der Prinzessin es auch war. Deshalb muss er jetzt durch das Land gehen, Frauen kennenlernen, und er muss sich dabei ganz schön bücken. Er muss individuelle Frauen kennenlernen und eben dann die finden, die ihm wirklich gefällt – nicht einfach eine Frau, weil es eine Frau ist.

Ohne Ergebnis kommt er zurück und probiert den Schuh Schweinehaut an. Der Schuh sitzt, und er schlitzt dem Mädchen die Schweinehaut auf und zieht diese aus. Wir wissen, dass sie die Schweinehaut für den Ball offenbar schon selber abstreifen konnte – warum schlitzt der Zarensohn jetzt die Schweinehaut auf? Er sagt ihr damit: Du bist nicht nur Schweinehaut, du bist nicht mehr Schweinehaut, du bist sehr viel mehr. Du bist nämlich du selber.

Vielleicht hätten wir es heute lieber, wenn sie sich selber die Schweinehaut ausgezogen hätte, aber wir dürfen unsere patriarchale Abwehr auch nicht auf die Spitze treiben. Denn es gehört schon wesentlich zur Liebe, dass alte Häute, die vielleicht nicht so schön sind, abgelegt werden können und dass wir eben dazu eines anderen Menschen bedürfen, der uns sagt: »Du bist auch anders.« Wir dürfen auch nicht unsere Forderung nach Autonomiebestrebungen auf die Spitze treiben. Es ist gerade das Wesen einer Ich-Du-Beziehung, dass ein anderer Mensch einem sagt: »Aber du bist doch auch anders. Ich erkenne dich auch in anderen Seiten und nicht nur in diesen.« Und das Ich vertraut darauf. Das, meine ich, steht hinter dem Aufschlitzen der Schweinehaut, und wenn sie einmal aufgeschlitzt ist, ist sie bekanntlich auch nicht so leicht wieder anzuziehen: diese Phase ist vorbei. Hier nun hat das Mädchen eine neue Identität gewonnen, von der wir weiter nichts wissen. – Märchen gehen bekanntlich immer weiter.

Jetzt ist Schweinehaut eine eigene Person geworden, kein »Typ«

mehr. Bemerkenswert ist, dass sie zum Schluss noch einmal sagen muss, warum sie Schweinehaut geworden ist. Sie muss also über ihre Entwicklung reflektieren. Interessanterweise gibt sie zuerst als Grund an: »Weil ich meiner Mutter zu ähnlich war«, nicht: »Weil mich mein Vater begehrt hat.« Das heißt, weil sie der Mutter zu ähnlich war, zu wenig abgegrenzt von ihrer Mutter, zu wenig eine eigene Identität hatte und deshalb auch von ihrem Vater begehrt wurde, musste sie sich die Schweinehaut anziehen. Das ist jetzt aber überstanden; sie gleicht nicht mehr so sehr der Mutter, weil sie die Seiten, welche die Mutter verdrängt hatte, die »Schweinehaut«-Seite, integriert hat.

Das Märchen sagt aber auch aus, dass Frauen, die keine eigene Identität haben, weil sie sich zu wenig mit der Mutter auseinandergesetzt haben, in großer Gefahr sind, vom Vater und vom Väterlichen vereinnahmt zu werden. Und: Das Finden der eigenen Identität kann durch die Liebe gefördert werden.[18]

Eine neue Haut zu bekommen, eine alte Haut abzuwerfen durch die Liebe, das ist im Märchen ein Prozess, der von Frauen und Männern erlebt wird. Die Metapher der Häutung hat ihren Ursprung in der Häutung der Schlangen: Die Schlange, auch in der neuen Haut, ist immer wieder dieselbe, sie ist nur größer geworden. So heißt Sich-Häuten auch nicht, dass wir so ganz und gar andere Menschen werden, aber es ist Ausdruck einer Veränderung, einer Neuwerdung, verbunden mit großer Hoffnung.[19]

Besinnen wir uns abschließend noch auf die Bedeutung der Haut: Wir kennen alle den Ausdruck: »Sich in seiner Haut nicht wohl fühlen«, oder: »In seiner Haut möchte ich nicht stecken.« Wenn wir davon sprechen, wie wir uns in unserer Haut fühlen, oder wenn wir sagen: »Ich möchte nicht in seiner Haut stecken«, dann meinen wir wesentlich mehr als die Haut, wir meinen umfassende Lebensumstände mit den damit verbundenen Gefühlen. Die Haut ist ein außerordentlich wichtiges Kontaktorgan, ein Kommunikationsorgan zwischen innen und außen. Die Haut ist auch der Ort, wo Menschen einander berühren und wo sie berührt werden, sich berühren lassen, der Ort, wo Zärtlichkeit sich ereignet. Wenn wir jemanden an uns heranlassen oder jemanden nicht an uns heranlassen, dann hat das sehr viel zu tun mit unserer Haut. Wir können uns auch zum Schutz eine dicke Haut zulegen, oder wir können relativ dünnhäutig sein, und dann sind wir sehr berührbar oder so schutzlos, dass uns alles unter die Haut geht. Wir haben normalerweise die erste Haut, die Körper-Haut, und dann haben wir die Kleider als zweite Haut und oft noch das Auto als dritte Haut – und so schützen wir uns. Unsere Haut kann sich nun aber auch verändern, bis zu einem gewissen Grad. Wandlung ist möglich.

Das Mädchen ohne Hände

Befreiung zum gelingenden Leben

Es war einmal ein Wittmann, der hatte eine Tochter, die ist immer zu einer Nachbarin gegangen und hat sich dort kämmen lassen und hat dafür bei der Arbeit geholfen. Die Nachbarin war auch verwitwet. Da sagt einmal das Mädchen zum Vater, er soll doch das Wittweib heiraten, und nach langem Hin und Her hat er sie auch geheiratet.

Die Witwe aber hat auch eine Tochter ins Haus gebracht, und wie die beiden groß und zum Heiraten waren, sind oft Burschen gekommen und haben um die beiden gefreit. Die Tochter des Mannes war aber die schönere, die haben sie der anderen vorgezogen, und das hat dem Weib nicht gepasst. Sie ist nach und nach so eifersüchtig geworden auf ihre Stieftochter, dass sie beschlossen hat, sie umzubringen. Und weil das Mädchen alle Tage ihrem Vater das Essen in den Wald getragen hat, hat sich die Alte mit den Räubern zusammengetan und die dazu überredet, das Mädchen einmal abzufangen und zu töten.

Eines Tages haben die Räuber das Mädchen wirklich angehalten. »Wo gehst du hin?« – »Ich trage meinem Vater das Mittagessen!« – »So geh nur und komm auf dem nämlichen Weg zurück!« Dem Mädchen ist gleich Angst geworden, es hat zu weinen angefangen. »Was kreischst du so?«, fragt der Vater. Aber sie traut sich nichts zu sagen und geht den nämlichen Weg zurück.

Da haben die Räuber sie abgefangen und beraten, was sie mit ihr tun sollten. Weil sie aber so geweint hat, haben sie sie doch nicht umbringen wollen. Sie sollten aber der Alten ein Zeichen bringen, drum hat der eine gemeint: »Wir werden ihr die Augen ausstechen!« Der andere hat gesagt: »Wir werden ihr die Zunge rausreißen!« Und der dritte: »Wir werden ihr die Hände abhacken!« Das haben sie dann gemacht: Sie haben ihr die Hände abgehackt und haben sie laufenlassen.

Das Mädchen ist lange, lange im Wald herumgeirrt und war schon ganz müde und hungrig. Da ist es endlich zu einem Garten mit vielen Obstbäumen gekommen, und weil es ja ohne Hände das Obst nicht hat herunterreißen können, hat es die Äpfel und Birnen auf dem Baum angebissen.

Der Obstgarten hat aber einem König gehört. Wie der einmal in seinem Garten herumspaziert ist, hat er gesehen, dass alles Obst von unten angebissen war, und hat sich gewundert: Was für ein Tier das wohl macht? Abends ist er wieder in den Garten gegangen, und da ist das Mädchen gekommen, und wie der Wind einen Ast zu ihm herbläst, beißt's in die Birne. Da hat's der König angesprochen und gefragt, wie es denn in den Garten gekommen ist.

Das Mädchen ist sehr erschrocken, aber dann hat es dem König erzählt, wie es ihm im Wald ergangen ist und wie die Räuber ihm die Hände abgehackt haben, wie es nirgends was zu essen hat finden können, bis es zu den Obstbäumen gekommen ist. Der König hat gleich gesehen, dass das Mädchen wunderschön war, und es hat ihm leidgetan. So hat er's mitgenommen in sein Schloss, und bald danach hat er es geheiratet.

Nicht lange danach hat der König in den Krieg ziehen müssen, und während er fort war, hat die Frau Zwillinge geboren. Die alte Königin hat aber die junge nicht leiden können und hat dem König ins Feld geschrieben, sein Weib hätte ihm einen Hund und eine Katze geboren. Und der König hat das geglaubt und hat zurückgeschrieben: »Schafft's das Weib weg!« Da haben sie der jungen Königin ihre zwei Kinder auf die Brust gebunden und haben sie fortgejagt.

Den ganzen Tag ist sie gewandert und ist arg hungrig und durstig geworden. Endlich ist sie an einen Brunnen gekommen und hat gleich trinken wollen, aber da war draufgeschrieben: »Wer daraus trinkt, wird zu einer Hirschkuh!« So ist sie wieder weiter und hat nach einem anderen Brunnen gesucht. Dort hat sie sich hinuntergebeugt und getrunken, da ist ihr eins der Kinder ausgerutscht und beinahe ins Wasser gefallen. Sie hat mit ihrem handlosen Arm nachgegrapscht – da spürt sie, wie ihr im Wasser die Hand nachwächst. So hat sie den zweiten Arm eingetaucht und auch die andere Hand zurückgekriegt.

Da war die arme Frau sehr froh und ist wieder weitergewandert, und wie es dunkel wurde, ist sie auf einen Baum gestiegen, um nach einem Licht auszuschauen. Sie hat auch von Weitem ein Licht gesehen und ist in die Richtung gegangen und endlich zu einem Haus gekommen. Da war die Türe offen, und drin war der Tisch gedeckt mit Speise und Trank, und weil sie sehr hungrig waren, haben sie sich gleich drüber gemacht und gegessen, und danach haben sie sich schlafen gelegt. Es war auch eine Kuh bei dem Haus und Geflügel, und so haben sie sieben Jahre dort gelebt, ohne dass jemand vorbeigekommen wäre.

Dem König hatte es längst leidgetan, dass man seine Frau fortgejagt hatte. Nach sieben Jahre hat er geträumt, er hätte auf der Jagd seine Frau wiedergefunden. Da hat er sich mit seinem Knecht aufgemacht und ist in den Wald geritten. Er ist auch zu dem Hause gekommen, wo die Frau mit den Kindern war, und hat von ihr Quartier verlangt. Sie hat den König gleich erkannt, aber der König hat sein Weib nicht erkannt, weil sie ja ihre Hände wiederhatte. Sie haben miteinander zu Nacht gegessen, dann haben sich die Gäste gelegt. Das Weib und die Kinder aber haben Federn geschlissen.

Doch dem König sein Knecht ist nicht eingeschlafen, er hat gewacht und gehört, was die Frau mit den Kindern redet. Wie nun der König im Schlaf einen Arm hat herunterhängen lassen, sagt das Weib zu einem der Kinder: »Geh hin und hebe deinem Vater seinen Arm in das Bett!« Der kleine Bub hat den Arm allein nicht heben können, da ist auch der zweite hingegangen und hat ihm geholfen. Dann hat der König seinen Fuß herunterhängen lassen, und wieder sagt die Mutter: »Geh hin und hebe deinem Vater den Fuß ins Bett!« Und wieder hat der zweite helfen müssen. Nach einer Weile hat der König seinen Kopf herunterhängen lassen. Die Frau hat wieder die Kinder hingeschickt, aber die haben den Kopf nicht heben können. Da ist die Mutter selbst hingegangen, hat den König auf die Stirn geküsst und den Kopf ins Bett gehoben.

Am anderen Morgen ist der König mit seinem Knecht wieder auf die Jagd gegangen, und unterwegs hat der Knecht ihm erzählt, was er in der Nacht gehört hatte. Da sind sie abends wieder in das nämliche Häuschen zurückgekehrt und haben nochmals um Nachtquartier gebeten. Das Weib hat sie freundlich aufgenommen und hat ihnen ein gutes Nachtmahl gekocht. Nach dem Essen hat sich der König gelegt, hat sich aber nur schlafend gestellt und dabei seine Hand herunterhängen lassen. Da hat er hören können, wie die Frau sagt: »Geh hin und hebe deinem Vater seinen Arm in das Bett!«, und weil der eine Bub den Arm nicht hat heben können, hat der andere ihm geholfen.

Danach hat der König wieder den Fuß herunterhängen lassen, und wieder hat die Frau die Kinder hingeschickt. Zuletzt hat der König den Kopf herunterhängen lassen, da ist die Frau selbst gekommen, hat ihn geküsst und ihm den Kopf ins Bett gehoben.

Jetzt hat der König die Augen aufgetan und hat gefragt, woran sie ihn erkannt hätte und ob sie wirklich seine Frau wäre. Da hat sie ihm die Narben an ihren Armen gezeigt, und der König hat sogleich seinen Knecht heimgeschickt um die königliche Kalesche. Dann ist er mit Frau und Kindern heimgefahren, und sie haben fortan glücklich miteinander gelebt.

Das Märchen vom Mädchen ohne Hände[20] existiert in vielen Varianten. Die Hände können von allen möglichen Leuten abgeschlagen werden: Es kann der Teufel sein, der Vater, die Stiefmutter, der Bruder, die Schwägerin usw.[21] In allen Varianten folgt auf diese Gewaltanwendung das Irren durch den Wald oder das Leben im Wald, das Finden des Königshofs, eine ganz schnelle Heirat und dann die erneute Gefährdung, die gelegentlich von der Schwiegermutter, manchmal vom Schwiegervater ausgeht; auch der Teufel kann dazwischentreten und Briefe vertauschen. Es besteht aber immer ein Zusammenhang zwischen den Personen, die zu Beginn des Märchens daran beteiligt waren, dass die Hände abgeschlagen wurden, und der Person, die nach der vermeintlichen Rettung wieder neue Schwierigkeiten macht.

An diesem Märchen erschrecken uns zunächst die abgeschlagenen Hände. Dazu gibt es eine Vorgeschichte, die für das Verständnis wichtig ist: Das Märchen beginnt mit einem Verlusterlebnis. Ein Mann ist Witwer geworden, es bleibt ihm noch eine Tochter; der Mann hat also die Frau, die Tochter hat die Mutter verloren, doch von der Verarbeitung dieses Verlusts hören wir zunächst wenig. Es ist möglich, dass der Vater traurig war, aber wir wissen es nicht. Da er so viel im Wald arbeitet, könnte man sich sogar fragen, ob er vielleicht mit intensiver Arbeit die Trauerreaktion abwehrt. Dieses Märchen ist aber zu karg erzählt, als dass wir daraus Schlüsse ziehen könnten, es ist auch denkbar, dass die Trauer dem Erzähler oder der Erzählerin nicht wichtig war.

Das Märchen schwenkt in der Folge auf die Tochter, und von ihr her wollen wir dieses Märchen zu verstehen versuchen. Das Mädchen hat die Mutter verloren. Die Mutter zu verlieren, bedeutet im Märchen nicht unbedingt einen Verlust durch den Tod, der Verlust kann auch symbolisch verstanden werden und meint dann, dass das Mädchen sich von der Mutter ablösen muss und dass dadurch die Interaktion mit ihr eine andere wird. Die Mutter nimmt eine andere Rolle ein und wird anders erlebt, meistens distanzierter.

Das Mädchen findet schnell eine Ersatzmutter, von ihr lässt sie sich jeweils kämmen. Das Kämmen kann zärtlich sein, es kann auch aggressiv sein, wenn an den Haaren gezerrt wird. Es entsteht aber beim Kämmen immer eine große, meistens weibliche Intimität. Daher gewinnt man den Eindruck, dass das Mädchen nach dem Verlust der Mutter nochmals eine Verbindung zu einer mütterlichen Frau herstellen will, symbolisch gedacht noch einmal in einen Zustand von Intimität mit etwas Weiblichem kommen möchte.

Das Kämmen hat allerdings nicht nur damit zu tun, dass die Haare geordnet werden, sondern kämmen heißt auch, die Haare schön zu machen, sich selber schön zu machen. Haare haben viel mit der erotischen Ausstrahlung zu tun, aber auch mit Energie und Kraft. Das Mädchen sucht also im Grunde genommen eine Frau, die ihr Schliff im Eros beibringt, ihr versichert, dass sie eine erotisch-weibliche Kraft besitzt, und mit der sie gleichzeitig noch einmal in einer großen Intimität verschmelzen kann. Ob das altersgerecht ist oder nicht, können wir hier nicht feststellen.

Das Mädchen arbeitete stark darauf hin, dass der Vater diese Frau heiratet, dass wieder eine Familie entsteht, und nach langem Hin und Her, sagt das Märchen lakonisch, hat der Vater sie auch geheiratet. Der Vater hat gezögert, dem Mädchen aber war es offenbar wichtig, dass er wieder eine Frau nimmt, und um ihr Ziel zu erreichen, handelt sie sehr energisch und setzt ihn unter Druck. Sie übernimmt fast Elternfunktion für den Vater, indem sie ihm sagt: »Du brauchst wieder eine Frau.«

Das ist etwas sehr Typisches für Ablösesituationen: Statt dass die Ablösung vonstattengeht, statt dass die Kinder in die Autonomie hineingehen, kommen sie noch einmal in die Familie zurück, und da können sie sich notfalls auch versitzen. Kehrt jemand wieder in die Familie zurück, so kehrt er, psychologisch ausgedrückt, in eine Situation der »Wiederannäherung« zurück, und da gibt es natürlich Konflikte. Die Wiederannäherungskonflikte lassen auch hier nicht lange auf sich warten: Eifersucht und Rivalität brechen auf. Wir können uns ohne Weiteres vorstellen, dass in einem solchen Familiensystem Rivalität herrscht. Das kennen wir heute von den sogenannten »Patchworkfamilien«, in denen es Rivalitätsprobleme gibt im Zusammenhang mit der Abgrenzung und dem Finden der eigenen Identität im neuen Familienverband. Selbstverständlich gehört Rivalität zu jedem Familiensystem. Im Märchen wird der Konflikt aber deutlicher als gewöhnlich: Daraus entstehen Todeswünsche.

Wir können Rivalität und Eifersucht auch intrapsychisch verstehen: Dadurch, dass sich das Mädchen nicht ablösen will, dadurch, dass sie ihren altersgemäßen Weg nicht gehen will, wird ihr Mutterkomplex negativ,[22] und sie hat plötzlich das Gefühl, keine Daseinsberechtigung mehr zu haben. In dieser Situation wird ihre »Räuberseite« aktiviert, das heißt, Rivalität ist in dem Sinne konstelliert, dass sie denkt, alle anderen seien schöner, begehrenswerter, auch wenn das nicht stimmt; und das hält sie nicht aus. Da entsteht die Idee, statt neiden zu müssen und an der Situation zu leiden, könnte man zerstören. Dieses Zerstören tritt zu Beginn des Märchens in den Vordergrund. Die Räuber verkörpern räuberische Seiten in dem Mädchen, die nehmen, ohne zu bezahlen, die hemmungslos zugreifen. »Zugreifen« tun wir in der Regel mit den Händen. Im Märchen bewirken die Räuber, dass das Mädchen – das Ich – nicht mehr zugreifen kann. Die Räuber sind von der Gesellschaft ausgeschlossen, ausgegrenzt, und deshalb können wir sie als räuberische Seiten in uns selber sehen, die verdrängt sind. Man könnte von einem räuberischen Komplex sprechen, von abgespaltenen, aggressiven Kräften, die destruktiv geworden sind.

Um sich abzulösen, benötigt man die sogenannte Trennungsaggression. Aggression meint, entschlossen auf etwas zuzugehen, im Sinne von: etwas verändern zu wollen, auch Grenzen setzen zu wollen. Beides ist notwendig, um sich abzulösen. Man muss sich von den Eltern auch abgrenzen. Tut man das zu lange nicht, dann verändert sich diese Trennungsaggression ins Destruktive, dann wendet sich die destruktiv gewordene Aggression nach innen, und man wird zum Beispiel selbstdestruktiv, man wird depressiv und sagt sich, dass man auf dieser Welt eigentlich keine Daseinsberechtigung hat. Aber man kann auch destruktiv nach außen werden: Aus dem »Sich-nicht-verändern-Dürfen« kann sich das Thema des »Nicht-zugreifen-Dürfens« entwickeln. Von den Räubern, von dieser verdrängten Seite her käme dann ein dem »Nicht-zugreifen-Dürfen« entgegengesetzter Wahlspruch – als Kompensation –, nämlich gierig zugreifen zu müssen und auch zu wollen. Und diese Spannung zwischen dem »Nicht-zugreifen-Dürfen« und dem »Gierig-zugreifen-wollen-und-Müssen« wirkt in Mutter, Vater und Tochter, sie wirkt im ganzen Familiensystem.

Nach meiner bisherigen Schilderung könnte man sich vorstellen, es gehe nur um eine Ablösung von der Mutter, aber es geht um mehr, es geht auch um die Ablösung vom Vater. Es gibt Varianten dieses Märchens, in denen der Vater der Tochter die Hände abhackt, weil sie ihn nicht heiraten will. Weil der Vater also nicht loslässt, müssen die Hände der Tochter abgehauen werden. Letztlich wird immer unklarer, wer wen nicht loslässt. Sehr deutlich wird indessen, dass in dieser Familie eine zu enge Verbindung besteht. Hier hält man sich zu sehr an den Händen, und deshalb braucht es eine Ablösung nach beiden Seiten hin, von der Mutter und vom Vater. Die Hände abzuschneiden ist allerdings eine sehr radikale, brutale Lösung, auch wenn man das Geschehen symbolisch versteht.

Die Tochter begegnet den Räubern, sie spürt die Bedrohung durch diese räuberischen Seiten, geht ihnen dennoch nicht aus dem Weg. Da drängt sich einem das Gefühl auf, dass eine zum Teil unbewusste Faszination vorhanden ist. Wenn eine enge Vater-Tochter-Bindung besteht, werden die jungen Männer, die die Tochter begehren, vom Vater oft als Räuber hingestellt. Für die Töchter sind diese Räuber aber immer faszinierend, weil sie ja im Dienste des Lebens stehen oder zumindest das Leben wieder in Bewegung bringen. Auf Seiten der Tochter finden wir im Märchen eine große Ambivalenz: Sie trifft die Räuber, sie merkt, dass hier irgendetwas bedrohlich ist, versucht den Vater dafür zu interessieren, dem Vater ihre Angst zu zeigen. Der Vater wehrt aber die Bedrohung ab, indem er ihre Reaktion nicht wahrnimmt oder nicht wahrnehmen will, sie also verharmlost und das Mädchen sogar lächerlich macht: »Was kreischst du so?«

Wird dieses Märchen im Rollenspiel dargestellt, kommt hier regelmäßig eine Vaterproblematik ins Spiel, ins Gefühl und dann ins Gespräch: die Erfahrung, dass man dem Vater etwas emotional Wichtiges mitteilen will und er dies als hysterisch, als Überreaktion abtut, die er nicht zur Kenntnis nehmen will. Damit bringt er zum Ausdruck, dass er sich mit dieser Verstörung nicht auseinandersetzen mag, und damit ist das Thema der Enttäuschung und des Verrats durch den Vater verbunden. Verraten zu werden ist etwas sehr Unangenehmes, aber es ist oft unumgänglich auf dem Weg des Selbstständigwerdens. Würden wir von unseren Eltern nicht verraten werden, würden diese immer genau mitbekommen, was jeweils los ist, wären sie ganz empathisch, dann lebten wir möglicherweise noch im höheren Alter bei ihnen zu Hause. Dieses Verratenwerden, das uns immer empört, erleben wir im Märchen sehr oft, und es führt immer dazu, dass Protagonisten und Protagonistinnen eine Entwicklung durchmachen. Natürlich ist damit nicht gemeint, dass

Eltern ihre Kinder absichtlich verraten sollten; es wird schon genug von den Kindern als Verrat empfunden, auch ohne dass eine Absicht dahintersteckt. Das geht bis hin zu Jesus am Kreuz, der seinen »Vater« fragt: »Warum hast du mich verlassen?«

Der Vater im Märchen nimmt die Gefühle der Tochter nicht wahr, er hält das Mädchen nicht fest, er schützt sie nicht, auch wenn er vielleicht spürt, dass sie in Gefahr ist. Und da fragt man sich: Hat er denn Hände zum schützenden Festhalten? Offenbar nicht. Die Tochter geht schnurstracks zu den Räubern, möglicherweise im Sinne einer Trotzreaktion, etwa nach dem Motto: »Es geschieht meinem Vater ganz recht, wenn mir meine Hände abfrieren, warum kauft er mir keine Handschuhe?« Oder ist es einfach Naivität?

Dieses Zu-den-Räubern-Hingehen würde symbolisch heißen, dass sie mit den aggressiven Kräften in Kontakt kommt, die zu lange ausgespart wurden und die destruktiv geworden sind. Jedem fällt auf, dass das Mädchen keine entschlossene Frau ist, eine entschlossene Frau hätte sich gefragt, was man in dieser Situation am besten tun kann. Das Mädchen ist in der Tat noch so stark in den Elternkomplexen verhaftet, dass sie autoritätsgläubig einem Befehl, den sie erhält, auch Folge leisten wird. Und die Räuber erweisen sich erstaunlicherweise als Helfer. Abgesprengte Komplexe, wenn man sie erkennt und akzeptiert, wenn man mit ihnen in Kontakt kommt, können wichtige Hinweise für den eigenen Entwicklungsweg enthalten, auch wenn es im ersten Moment nicht danach aussieht.

Zunächst sind wir ja froh, dass dem Mädchen bloß die Hände abgehackt werden, denn der Befehl war eigentlich, sie zu töten. Wenn wir uns aber auf das Bild der abgehackten Hände konzentrieren, dann wird deutlich, dass wir es hier mit einem sehr beeinträchtigenden Defekt zu tun haben, der ihre körperliche Integrität schwer verletzt.

Was heißt das eigentlich, dass jemandem die Hände abgeschlagen werden? Wenn uns »die Hände abgeschlagen sind«, dann können wir nicht mehr tun, was »in unseren Händen liegt«. Aus dem Alltag kennen wir den Ausdruck, dass uns »die Hände gebunden sind«. Wir sagen auch, dass uns jemand »etwas aus den Händen schlägt«, oder man streckt »die Finger nach etwas aus« und bekommt eins drauf. Alle diese Redewendungen können nicht nur im Sinne des Zugreifens und des Festhaltens verstanden werden, sondern auch in Zusammenhang mit Zärtlichkeit. Man kann zärtlich eine Hand ausstrecken, und die Hand wird abgeschlagen. Die abgeschlagenen Hände werden oft in Zusammenhang gebracht mit der Unmöglichkeit zu handeln. Das ist aber viel zu aktiv gedacht. Überlegen wir, wozu wir die Hände brauchen: Viele Kontakte zu anderen Menschen und Dingen stellen wir über die Hände her; den liebevollen Kontakt und den aggressiven Kontakt – der aggressive Kontakt ist in der Regel der lebendigere. Wenn wir sehen, was wir mit den Händen alles »tun« und was an Metaphern mit ihnen verbunden ist, dann wird uns bewusst, als was für ein zentraler Verlust das Abschlagen der Hände im alltäglichen Leben erlebt werden muss. Das Lebensgefühl »Mir wird die Hand abgeschlagen« ist keinesfalls nur eine weibliche Thematik. Mit abgeschlagenen Händen sind einem viele menschliche Möglichkeiten versagt. Jeder kennt in seiner Biographie Situationen, in denen er den Eindruck hatte, dass ihm die Hände abgeschlagen worden sind.

Das Mädchen empfindet bei den Räubern sehr große Angst. Doch gerade in dieser Situation, in der Angst vor diesen Räubern, in der Angst vor deren Aggressivität, anders gesagt, in der Angst davor, sich wirklich ins Leben hineinentwickeln zu wollen, wirklich zupacken zu wollen, erreicht sie eine neue Stufe der Ichentwicklung.

Angesichts der Tatsache, dass ihr die Hände abgeschlagen wurden, entscheidet sich das Mädchen, nicht mehr nach Hause zu gehen. Die schreckliche Erfahrung ist der Auslöser für die Ablösung. Sie bleibt nicht mehr beim Vater, auch nicht bei der Mutter, sie geht in die Selbstständigkeit hinein. Hier haben wir eine Situation des scheinbaren Scheiterns, die aber nur so aussieht. Vergleichen wir das Geschehen im Märchen mit der psychologischen Theorie, dass Ablösung immer mehr Autonomie und Bezogenheit will, dann können wir uns darüber freuen, dass das Mädchen nicht mehr nach Hause geht, dass sie entschlossen ins eigene Leben hineingeht, wenn auch mit abgehauenen Händen. Zwar ist ihre körperliche Integrität – und das entspricht symbolisch der psychischen Integrität – verletzt, aber sie löst sich ab. Möglicherweise ist das der erste Schritt zum ganz selbstverantworteten und damit zum gelingenden Leben.

Kontakt kann das Mädchen nur noch über die Sprache herstellen, die Kommunikation auf der Körperebene geht zumindest nicht mehr über die Hände, die ganze sinnliche Wahrnehmung könnte gestört sein. Vielleicht kann sie auch das Leben nicht mehr begreifen. Sie kann nicht halten, nicht behalten, sie kann sich auch nicht wehren. Das Märchen sagt, sie bleibe lange, lange im Wald, die Zeitdauer wird allerdings abgeschwächt, weil das Mädchen nur so lange herumirrt, bis sie großen Hunger verspürt. Ich denke, man muss sich das nicht so konkret vorstellen: Man muss sich einen langen Aufenthalt im Wald vorstellen in einem Gefühl der Isolation; und der Hunger, das ist nicht einfach der normale Hunger, sondern ein ganz fundamentaler Hunger nach dem Leben und nach den Menschen.

Mit dem Verrat durch den Vater, mit der Verletzung durch die Räuber, das heißt durch die Erkenntnis des Mädchens, was mit ihr los ist, dass sie nämlich keine Hände hat, ist die Trennung eingeleitet worden. Sie verlässt das Elternhaus und macht erste Schritte zur Autonomie. Wir haben eine Übergangssituation vor uns, wie wir sie von den Übergangsritualen kennen: Das Alte gilt nicht mehr, das Neue ist noch nicht entwickelt. Das Mädchen ist orientierungslos, heimatlos, einsam in der Dunkelheit des Waldes; sie hat Angst, fühlt sich bedroht und ist doch geborgen.

Diesen Aufenthalt im Wald, den viele Märchenprotagonisten und -protagonistinnen durchleben und den wir als psychische Übergangssituation bezeichnet haben, sehen wir in der Regel als viel zu harmlos an. Märchenwälder sind meistens undurchdringliche Wälder, in denen man sich nicht mehr orientieren kann, wo man nicht weiß, ob ein Weg hinausführt. In diesen Wäldern zu sein, entspricht einem Zustand der Desorientierung, in dem einem Unheimliches begegnet, wo Angst erfahren wird und doch auch der Schutz und die Geborgenheit durch den Wald erlebt werden können. Dieser Aufenthalt im Wald kann mit einer Lebenssituation verglichen werden, in der ein Mensch sich sehr verletzt fühlt und von chaotischen Gefühlen überschwemmt wird. In unserem Märchen handelt es sich um die erste Auseinandersetzung mit einer Verlustsituation. Wir können uns zum Beispiel eine Jugendliche vorstellen, die merkt, dass die Mutter neidisch ist auf sie, vielleicht auch eifersüchtig, und dass der Vater nicht bereit ist, auf sie einzugehen. Das Mädchen wird von sich widersprechenden Gefühlen heimgesucht und kapselt sich ab, zieht sich zurück. Sie wird versuchen, sich auf sich selbst zu beziehen und sie selbst zu bleiben bei allem Elend, oder vielleicht gerade wegen des Elends. In Situationen der elenden Verlassenheit spüren wir oft unsere eigene Identität am deutlichsten, weil sie das Einzige ist, was noch geblieben ist.

Die Märchenheldin ist getrieben weiterzuleben, und zwar ohne bewusste Absicht. Sie lebt ohne menschlichen Kontakt, und das ist etwas, was im Märchen immer wieder ausgedrückt wird und was wir aus existentiellen Lebenssituationen ebenfalls kennen: Es gibt Situationen, da sind Menschen vom Leben so sehr zerstört, dass man sich wundert, dass sie weiterleben, und sie sagen: »Nicht ich lebe, sondern es lebt einfach irgendwie weiter.« Es gibt keinen bewussten Entschluss, weiterzuleben, »es« lebt irgendwie, »es« will irgendwie schlafen, »es« will irgendwie essen. Auf einer vegetativen Ebene geht das Leben weiter.

Und das Märchen suggeriert uns, wenn wir es symbolisch betrachten, dass man in dieser Situation in tief unbewusste Schichten versinkt, mit Ängsten konfrontiert wird und sich dennoch getragen fühlt. Über die Gefühle von Märchenheldinnen und Märchenhelden wissen wir ja meistens sehr wenig, und nur wenn man sich hineinversetzt in ihre Situation, wenn man sich imaginativ in sie hineinversetzt, dann fällt einem die ungeheure Einsamkeit auf und gleichzeitig dieses Erleben, dass dennoch etwas Tragendes vorhanden ist. Der Verzicht auf menschlichen Kontakt würde noch einmal auf das Abgekapseltsein verweisen. Die Protagonistin des Märchens hat den Mut, sich dem Wald auszusetzen und sich letztlich die Frage zu stellen, worauf sie sich eigentlich in diesem Leben verlassen kann. Auf die Mutter nicht, auf den Vater auch nicht, auf die Räuber bedingt – auf die aggressiven Kräfte kann sie sich also in einem gewissen Maß verlassen. Aber worauf kann sie sich wirklich verlassen? Und das Märchen gibt eine Antwort: Es gibt so etwas wie einen Kern im Menschen, den man Lebensdrang nennen könnte, es gibt so etwas wie tragendes Leben, unter aller Verzweiflung. Wir sind gewohnt, in diesem Zusammenhang von einem tragenden Unbewussten im vegetativen Bereich zu sprechen. Wichtig dabei ist, das Gefühl zu spüren, dass wir gar nicht immer alles selbst leisten müssen, sondern dass es jenseits von unserem bewussten Wollen und Entscheiden etwas gibt, das uns trägt.

Man kann natürlich von der Märchenheldin sagen, sie vegetiere irgendwie dahin. Doch da ist ein Drang in ihr, nicht nur am Leben zu bleiben, sondern menschlich zu leben. Dieser Drang äußert sich in ihrem Hunger und in ihrem Durst. Hunger und Durst verstehe ich hier als Begehren, wieder mit dem Leben und mit anderen Menschen in Kontakt zu kommen. Und das Mädchen findet dann ja einen Obstgarten. Sie ist jetzt den Menschen schon wieder sehr viel näher, möglicherweise von einem großen Gefühl der Dankbarkeit erfüllt, dass sie wieder gestaltetes Leben findet.

Im Gegensatz zum Wald ist der Obstgarten bearbeitetes Land, kultiviertes Land. Im Garten ist Übersicht, da kann man pflanzen und ernten. Selbstverständlich denkt man im Zusammenhang mit dem Garten, noch ehe der König auftaucht, an den Paradiesgarten, an Adam und Eva, an Eros. Gärten waren früher Orte der erotischen Verführung, nicht unbedingt Orte der glühenden Leidenschaft, aber ihres möglichen Beginns – es gab Lustgärten, in denen die Paare lustwandelten. Äpfel und Birnen gedeihen hier. Sie werden oft auch als Symbole für weiblichen beziehungsweise männlichen Eros gedeutet und auch für die entsprechende Sexualität. Im Hohelied wird der Geliebte mit dem Apfelbaum verglichen, dessen Frucht süß schmeckt; in der griechischen Mythologie ist der Apfel ein Symbol der Liebe, ein Symbol der Unsterblichkeit – einer Unsterblichkeit im Sinne des Gefühls von »Ewigkeit«, das wir in der Liebe erleben, einer Unsterblichkeit aber auch durch das Zeugen neuer Generationen. Und da beißt das Mädchen nun an. Das ist kein vegetativer Drang mehr, sondern ein erotischer Drang zum Leben hin, der über sie kommt, eine erotische Lust. Es gibt den Ausspruch: »Da beißt jemand voll ins Leben hinein.« Hier ist noch nicht das Bild von einem vollen Biss ins Leben, aber immerhin von Anbeißen. Und der König beißt ja dann seinerseits auch an.

Der König denkt zunächst, es sei ein Tier, das hier seine Früchte anbeißt. Tiere stehen symbolisch für Triebe und Instinkte, für den unbewussten Bereich. Das heißt, dass diese erotische Annäherung noch sehr unbewusst ist. Der König hat zunächst ein schönes »Tierchen« gefunden, und das ist ein Ausdruck aus dem Prostituiertenmilieu: Die Zuhälter haben ihre Pferdchen oder ihre Tierchen. Mit den angebissenen Äpfeln und Birnen bringt das Mädchen ihren Beziehungshunger zum Ausdruck, einen erotischen Hunger, und der König versteht das. Er ist ein Mann, der darauf reagiert, er sagt ihr ja auch sofort, dass sie wunderschön aussieht. Er ist fasziniert und will das Mädchen sofort heiraten.

Ein erster Zirkel des Märchens ist geschlossen: Er begann mit dem Verrat, der großen Enttäuschung, der Orientierungslosigkeit im Wald, mit der tiefen Depression. Dann kam der Hunger, ein erstes Spüren von Interesse am Leben, ein Sich-wieder-Hinwenden zum Leben. Und daraus ergibt sich eine überraschend schnelle erotische Begegnung, die mit dem Bewusstwerden des Weges einhergeht, den das Mädchen zurückgelegt hat: Sie erzählt ihre Geschichte. Es gehört im Märchen oft dazu, dass man die eigene Geschichte erzählt, die Geschichte des eigenen Gewordenseins, und so auch sich selbst erzählt, was eigentlich war. Wir können den Weg, den diese Märchenheldin bis jetzt zurückgelegt hat, psychologisch als Weg der Ablösung vom Vaterkomplex[23] sehen: Enttäuscht hat sie sich auf ihre weibliche Identität zurückgezogen. Im Laufe ihres Lebens im Wald ist weibliche Erotik, weibliche Lust aufgekommen, sie hat Lust, diese ins Leben hineinzutragen, und sie hat jetzt eine Beziehung zu einem väterlichen, fremden Mann.

Im Alltagsleben könnte das etwa so aussehen, dass eine junge Frau in der Ablösungsphase vom Elternhaus, die sich zu sehr gebunden hat – und der man deshalb die Hände abschlägt –, oder jemand, der sich nicht mehr binden kann – der keine Hände mehr hat –, einen Hunger nach Beziehung entwickelt. Ein spielerischer Eros ist da und eine gewisse Lebensgier. Und sie trifft auf einen Mann, der das spürt, vielleicht weil er dieselbe Problematik hat. Sie sprechen miteinander, sie verlieben sich, sie heiraten, sie greifen beide zu.

Aus Sicht des Königs gibt es zwei Gründe, warum er das Mädchen heiraten könnte: Der eine ist Faszination, das Mädchen ist wunderschön, und Schönheit im Märchen bedeutet auch immer ein Versprechen auf eine gute Zukunft. Der andere ist Mitleid – er könnte Mitleid mit Liebe verwechselt haben. Der König ist wahrscheinlich einfühlsam, denn er scheint eine ziemlich ausgeprägte Mutterbindung zu haben: Das Schloss bewohnt er zusammen mit der Mutter, vom Vater ist keine Rede. Er heiratet eine Frau, die fasziniert, die aber in ihrer Hilflosigkeit keine echte Konkurrenz für die Mutter darstellt.

Was das Mädchen betrifft: Sie verhält sich passiv, sie lässt sich heiraten. Der König könnte für sie ein geliebter Vaterhelfer sein. Frauen, die Hilfe benötigen, bedrohen die Männer nicht, sie sind ihnen nicht gefährlich. Das Mädchen ohne Hände heiratet einen väterlich-mütterlichen Mann. Er ist besser als der Vater. Der Vater hat nicht zugehört, der König hört zu. Hand in Hand können sie nicht gehen, so wird sie von ihm wohl eher mitgenommen, oder er führt sie ins Schloss. Möglicherweise wird auch ihre erotische Beziehung zum Vater auf den König übertragen. So bleibt sie aber in der Tochterrolle.

Wenn alle meine Vermutungen stimmen, dann wird in dieser Ehe von beiden noch einiges an Entwicklungsarbeit zu leisten sein.

Das weitere Schicksal des Mädchens ist mit dem des Königs verquickt. Ich werde daher von jetzt an bei der Interpretation vor allem von der Paarebene ausgehen.

Die Beziehung ist fruchtbar, das Mädchen ohne Hände bekommt Zwillinge. Bloß: Der König ist während der Geburt im Krieg. Das ist ein für Märchen typisches Motiv: Wenn etwas Wichtiges passiert, ist der König nicht dabei, dann ist er im Krieg – ganz besonders dann, wenn die Frau ihre Kinder bekommt. Wir können das dahingehend verstehen, dass Kinder zu gebären wirklich eine Sache der Frauen ist. Daniel Stern hat in einem Vortrag[24] betont, dass die Frauen im Moment des Gebärens und in der ersten Zeit danach nicht den Mann brauchen, sondern die Mutter, dass der Mann zwar wichtig ist als Partner, dass aber die intime Beziehung zur Mutter in dieser Situation wichtiger ist. Ich denke nicht, dass sich der König im Märchen bereits an die Theorien von Daniel Stern hält. Dass er in den Krieg zieht, könnte auch heißen, dass er selber einen Entwicklungsweg machen muss. Er muss weg von zu Hause, muss eine Distanz zwischen sich, seine Frau und seine Mutter legen, eine Grenze muss gezogen werden. Er muss die Aggression leben, die auch in diesem System ausgespart worden ist. Im Krieg wird der eigene Lebensraum verteidigt. Es ist denkbar, dass der König in dieser Situation wirklich damit beschäftigt ist, den eigenen Lebensraum zu verteidigen. Das Motiv könnte eine Parallele zu der Zeit darstellen, die seine Frau im Walde verbracht hat.

Gleichzeitig spiegelt die Situation eine andere Art von Trennung in der Beziehung wider: Es ist selbstverständlich, dass die Frau nun auch Mutter, dass sie auf die Kinder bezogen ist. Möglicherweise verursacht das dem Mann viele Konflikte. Er kann vielleicht nicht aushalten, dass seine Geliebte eine Mutter geworden ist, dass er sie teilen muss.

Nun wird die Mutter des Königs aktiv und bringt eine weitere

Bedrohung in dieses Märchen hinein. Betrachten wir die Aktivität der Mutter des Königs als intrasubjektives Geschehen, also subjektstufig, können wir sagen, dass in der Situation, in der die Frau selber Mutter wird, auch der negative Mutterkomplex aktiviert wird. Das heißt, die junge Frau hat plötzlich wieder das Lebensgefühl, keine Daseinsberechtigung zu haben. Die zwei Kinder können ihr das Gefühl, einen Sinn im Leben zu haben, nicht geben, denn sie kann für sie nicht sorgen; Zwillinge zu versorgen ohne Hände dürfte sehr schwierig sein. Es wird deutlich: Hier kann die Entwicklung nicht abgeschlossen sein, es muss noch einmal eine weitere, eine entscheidendere Problemlösung gesucht werden.

Auf den König bezogen, würde es heißen, dass er jetzt nicht mehr selber denken, wahrnehmen, entscheiden kann, sondern dass in ihm das aktiviert ist, was seine Mutter jeweils gedacht und gewollt hat. Wenn wir zu einem Menschen Distanz haben, sehen wir diesen Menschen plötzlich viel negativer, wir lassen Aggressionen zu, die wir sonst verdrängen. In einer solchen Situation können dann »Vertauschungen« vorkommen. Statt dass man die Zwillinge sieht, statt dass man die neuen Lebensmöglichkeiten wahrnimmt, die in die Welt gekommen sind, sieht man etwas Entwertetes. Die Mitteilung, dass die Schwiegertochter nicht Kinder, sondern eine Katze und einen Hund auf die Welt gebracht habe, ist eine Entwertung dessen, was in der Beziehung zum König gewachsen ist, was sich aus dieser Beziehung heraus entwickeln konnte. In einer solchen Situation des Entwertetseins kann man nicht bleiben, oder man würde ein großartiges Opfer werden.

Das Märchen schwenkt nun wieder auf die Entwicklungsgeschichte der Frau. Am Königshof erlebt das Mädchen den zweiten Verrat. Sie macht noch einmal die Erfahrung, die sie schon kennt: verraten zu sein, ausgestoßen zu sein. Das ist etwas, das uns in Märchen und auch im alltäglichen Leben oft begegnet: Die vertrauten Probleme werden immer wieder neu konstelliert, die gleichen Erfahrungen müssen auf einer anderen Ebene noch einmal gemacht werden. Wenn wir unsere Komplexe ausarbeiten – insbesondere die Ablösung von den Elternkomplexen –, erfolgt immer eine Auseinandersetzung auf einer neuen Ebene. Sind wir unzufrieden mit uns selbst, dann haben wir das Gefühl, dass wir ständig dasselbe Problem zu lösen haben. Sind wir etwas lebensfreundlicher gestimmt, dann sehen wir: Es ist zwar noch dasselbe Problem, aber auf einer neuen Ebene, unter einem neuen Aspekt. Und so sehe ich es auch hier: Es geht um das Verraten- und Ausgestoßensein, aber auf einer höheren Entwicklungsstufe.

Der zweite Teil des Märchens enthält das Motiv »Die verleumdete Frau«. Die Genovefa-Legende[25], eine alte Heiligenlegende aus der Zeit um 750 nach Christus, gehört zu dieser Motivgruppe: Graf Siegfried hatte eine Frau, die hieß Genovefa. Sie war schwanger, als er in den Krieg ziehen musste. Ein Diener, der in Liebe zu ihr entbrannt war, verleumdete sie, weil sie ihn zurückgewiesen hatte. Er schrieb Siegfried, sie habe Ehebruch mit dem Koch betrieben. Daraufhin wurde sie auf die Anweisung des Grafen ins Gefängnis geworfen und sollte hingerichtet werden. Die Diener ließen sie aber am Leben, und sie ging mit ihrem Kind, das sie im Gefängnis geboren hatte, in den Wald hinein und lebte in einer Höhle. Dort säugte eine Hirschkuh das Kind, das nach der Meinung aller aus der Affäre mit dem Koch stammte. Irgendwann bekam der Graf Zweifel an seinem Handeln. Sieben Jahre später führte ihn eine Hirschkuh direkt in die Höhle, in der sich seine Frau befand, die unterdessen ein Heiligenleben führte und bald darauf starb.

Diese Legende spielt in unser Märchen hinein. Es geht um das Thema der zu Unrecht verleumdeten Frau – und in Analogie zu dieser Legende kann man darauf hoffen, dass auch hier nach einigen Jahren die Wahrheit an den Tag kommen wird. Doch bleibt es unklar, warum die Frau nicht von dem Brunnen trinken darf und weshalb sie eine Hirschkuh werden sollte. Versetzen wir uns in sie hinein, empfinden wir ein Gefühl der Ungerechtigkeit. Sie ist einsam, ist bedürftig, ist überfordert, und jetzt, wo sogar Wasser da wäre, darf sie nicht daraus trinken.

Wir können aber auch eine Interpretation anhand der Symbole wagen: Die Hirschkuh war das heilige Tier der griechischen Göttin Artemis. Diese hatte einen Wagen, der von vier Hirschkühen gezogen wurde oder – in einer anderen Variante des Mythos – von Hirschen mit einem goldenen Geweih. Artemis ist die Göttin der Jagd, die Göttin des Waldes, der Berge, des Herumschweifens. Und Artemis ist eine Göttin, die jungfräulich geblieben ist. Jungfräulich sein heißt in den Mythen nicht, dass man keine sexuelle Beziehung zu einem Mann hat, sondern jungfräulich sein meint, dass man von keinem Mann bestimmt wird. Das heißt also nicht, dass keine Sexualität gelebt wird, das ist überhaupt nicht die Frage, sondern es bedeutet, dass diese Frauen eine eigene Identität haben und diese vertreten. Die Artemis von Ephesus, die Vielbrüstige, wird auf Statuen mit zahlreichen Brüsten dargestellt. Darin kommen zusätzlich noch andere Eigenschaften zum Ausdruck: Sie ist hier Fruchtbarkeitsspenderin und Muttergöttin. Artemis symbolisiert also einerseits einen wilden Drang nach Unabhängigkeit und das Streben nach der eigenen weiblichen Identität und andererseits nach mütterlicher Fülle und Fürsorge. Würde die junge Frau in eine Hirschkuh verwandelt, dann würde sie vielleicht eine gewisse wilde Freiheit erreichen, sie wäre aber nur mit der einen Seite, der Hirschseite des Artemisischen, identifiziert, wäre keine Frau mehr, kein Mensch mehr, sie könnte nicht mehr in eine menschliche Beziehung eintreten.

Märchen zeigen immer wieder die Bedeutung des Triebaufschubs. Märchenheldinnen und Märchenhelden, die bei Hunger und Durst gleich essen oder trinken, werden oft in Tiere verwandelt. Der Mensch muss im Märchen zeigen, dass er oder sie auf das Richtige warten kann. Dahinter steckt etwas ganz Tiefsinniges: Es geht um den richtigen Zeitpunkt und die Schwierigkeit, auf den richtigen Moment für eine Veränderung zu warten. In einer schwierigen Lebenssituation haben wir oft das Gefühl, dass die Mühsal ein Ende haben sollte, dass ein Umschwung zum Besseren umgehend erfolgen müsse. Zwei Möglichkeiten gibt es, um den guten Moment zu verpassen: zum einen, wenn man gar nicht merkt, dass das Leben es wieder besser mit einem meint, und man darauf beharrt, dass es nie mehr besser werden wird, weil man schon gar nicht mehr spürt, dass es aufwärtsgeht, und zum anderen, wenn man zu früh sagt, es gehe schon wieder besser. Das Gefühl für den richtigen Moment setzt voraus, dass man die Situation sehr genau wahrnimmt und sich selber in der Auseinandersetzung mit dieser Situation spürt, dass man sehr deutlich die Interaktion zwischen dem, was man zu brauchen meint, und dem, was angeboten ist, sieht.

Es geht im Märchen bestimmt nicht um die moralische Forderung, nicht zu gierig zu sein, sondern es geht wirklich darum, den guten Moment abzuwarten. Und das ist wieder eine Situation, in der das Märchen Vertrauen verlangt. Den guten Moment abwarten können wir nur dann, wenn wir darauf vertrauen, dass er auch kommt. Wenn wir nicht vertrauen, dass es einen guten und richtigen Moment gibt, dann müssen wir jeden Moment ausnutzen.

Dann sagen wir: »Lieber den Spatz in der Hand als die Taube auf dem Dach.«

Die Wandlung tritt, wie meist in den Märchen, in der äußersten Not ein. Die Kinder drohen zu ertrinken, und die Kinder sind das Liebste, was die Frau hat, sind noch das Einzige, was ihr geblieben ist. Das ist für mich ein eindrucksvolles Bild: In dem Moment, in dem ihr zu entgleiten droht, was ihr das Liebste ist im Leben, da greift sie zu, und dann wachsen ihr auch Hände. Das Märchen sagt ganz lapidar: Wenn sie zugreift, dann kriegt sie auch Hände. Das Wesentliche daran ist, dass sie das Liebste, was sie hat, nicht weggleiten lässt, dass sie in dem Augenblick zugreift, in dem sie es zu verlieren droht. Wir haben es hier mit einem absoluten Umschlagspunkt zu tun. Im Moment des Greifens, des Nachfassens, in dem sie sich nichts überlegt, sondern ganz intuitiv handelt, wächst ihr zu, was ihr fehlt. Dieser Wille, sich nicht alles wegnehmen zu lassen im Leben, sich nicht entreißen zu lassen, was einem das Wichtigste ist, sondern selber zuzugreifen und festzuhalten, verändert radikal. Die Frau ohne Hände benimmt sich, als habe sie eigene Hände – und da hat sie sie auch. Sie hat eine Hand, die entschlossen zupacken kann, und sie hat eine haltende Hand, letztlich eine beschützende Hand.

Die Fähigkeit zuzugreifen wächst uns zu, sagt das Märchen, wenn wir das, woran unser Herz hängt, nicht aufgeben, wenn wir unserer Leidenschaft folgen. Unser Herz an etwas zu hängen, ist zwar noch keine Leidenschaft, aber schon eine gute Vorform. Woran immer unser Interesse und unsere Liebe sich festgemacht haben, da müssen wir Sorge tragen, dass es uns nicht wieder entrissen wird.

Das Verhalten der Frau verändert sich dementsprechend ganz entscheidend: Im Märchen wird jetzt gezeigt, was es heißt, eigene Hände zu haben. Zunächst fällt auf, dass es immer noch dunkel ist. Wenn wir Wandlung symbolisch als Trennung, Tod und Wiedergeburt verstehen, dann befinden wir uns in der Phase, in der – noch immer im Dunkeln – sich die Wiedergeburt vorbereitet. Um Orientierung zu gewinnen, steigt die Frau auf einen Baum. Das ist ein ganz neues Verhalten; bis jetzt ist sie einfach umhergeirrt. Jetzt aber klettert sie in die Höhe, sie verschafft sich selber den Überblick, und sie sieht ein Licht. Licht im Märchen ist nicht einfach ein Hinweis darauf, dass es irgendwo hell ist, sondern Licht meint Orientierung und Hoffnung auf Geborgenheit. Wir sprechen ja von der

Hoffnung als von einem Licht im Dunkel. Und in einem Sprachbild können wir sagen, dass sich jetzt die Situation lichtet; es wird lichter, es wird heller. Jetzt kann etwas Neues geschehen.

Das Licht stammt von einem Haus mitten im Wald. Hier lebt die Frau mit ihren Kindern sieben Jahre lang. Früher wurde das Leben oft aufgeteilt in Phasen von je sieben Jahren, die jeweils ihre besondere Aufgabe hatten. Nach jeder Phase beginnt etwas Neues. Wenn wir verstehen wollen, was für eine Aufgabe in diesen sieben Jahren im Wald ansteht, müssen wir das Haus näher betrachten: Da ist ein erstaunlicher Reichtum, eine positive Mutterwelt. Da haben wir Obdach, Nahrung, die Kuh, die Hühner, Geborgenheit, Wärme. Das können wir symbolisch so verstehen, dass die Frau auf etwas Mütterliches in sich selbst stößt, das bisher nicht zugänglich war, das sie nun spüren und auch annehmen kann. Und das Neue, das die Kinder darstellen, kann sich entwickeln. Das heißt, die Frau kann nun mütterlich zu sich selber sein, für sich selbst eine warme Atmosphäre gestalten. Weder bei ihrer Stiefmutter noch im Schloss bei ihrem Mann und bei der Schwiegermutter scheint eine gute Atmosphäre vorhanden gewesen zu sein.

Die abgeschlagenen Hände können in diesem Zusammenhang bedeuten, dass die Frau nichts für sich selber tun konnte. Ohne Hände sind wir unfähig, etwas für andere zu tun, wir können aber auch nicht für uns selber sorgen, wir sind darauf angewiesen, dass andere die Dinge für uns in die Hand nehmen, wir bleiben abhängig. Und dies gilt es zu beachten: Für uns selber eine gute Atmosphäre herstellen zu können, eine Atmosphäre, in der uns wohl ist, in der wir uns geborgen fühlen, ist ein wichtiger Aspekt der Autonomie. Wenn von Autonomie die Rede ist, denken wir meist in eine ganz andere Richtung: Autonom sein, meinen wir, hieße, in jeder Situation eigenhändig und eigenständig zu handeln und immer genau zu wissen, was zu tun ist. Das ist jedoch nur ein Aspekt. Sich ein Leben schaffen zu können, in dem man es sich wohl sein lassen kann, wo es warm ist, wo es gemütlich ist, das gehört ganz wesentlich zur Autonomie eines Menschen. Wie der persönliche Lebensraum aussieht, in dem wir leben, kann von Mensch zu Mensch verschieden sein, wichtig ist aber, dass wir ihn uns selber schaffen und nicht von irgendjemandem erwarten, dass er diese Aufgabe für uns übernimmt.

Die Frau hat ihr eigenes Häuschen, einen abgegrenzten Raum

im Wald. Wir können uns einen Menschen vorstellen, der durch die erlittenen Enttäuschungen und sein Ohnmachtsgefühl hindurch plötzlich merkt, dass er sein Leben selber in die Hände nehmen und gestalten kann, es aber auch in die eigenen Hände nehmen und selber gestalten muss.

Die Szene der Wiedervereinigung mit dem König scheint zunächst eigentümlich: Sie erkennt ihn, er erkennt sie nicht. Sie muss sich ihm zu erkennen geben, nicht er ihr. Und dann erfolgt diese langsame Annäherung über die Kinder. Sie müssen mit ihm Kontakt aufnehmen, sie müssen ganz »handgreiflich« mit dem Vater Kontakt aufnehmen. Das heißt: Die Beziehung zwischen den Partnern ist jetzt eine ganz andere geworden. Sie ist greifbar, sie ist fassbar, ganz im Unterschied zur ersten Begegnung im Obstgarten, wo die Frau einfach nur wunderschön war und wo sie Mitleid erregt hat. Sie ist eine andere geworden. Und er legt sie nicht auf ihre alte Identität als Frau ohne Hände fest.

Ob das alles so gut geht mit den beiden, das lassen wir dahingestellt, es ist ja durchaus möglich, dass weitere Entwicklungen angesagt sind.

Ich habe *Das Mädchen ohne Hände* als Beispiel für ein Märchen gewählt, das eine Befreiung zum gelingenden Leben verdeutlicht. Nun wissen wir natürlich, dass es gerade ein Merkmal der Märchen ist, dass sie meistens doch gut ausgehen. Wenn wir uns aber dem emotionalen Gehalt öffnen, spüren wir, dass das Mädchen ohne Hände viel mehr auszuhalten hat, bis das Leben gelingt, als manch andere Märchenheldinnen oder Märchenhelden.

Was steht hier gegen das Gelingen? Gegen das Gelingen steht zunächst der Wille zur Beharrung, der Wille, sich nicht zu verändern. Gegen das Gelingen steht zunächst auch die ganze Familie. Jedes Mitglied trägt in seiner Weise dazu bei, dass das Leben nicht gelingt. Später übernimmt die Mutter des Königs diese Rolle, und auch der König in dem Sinne, dass er abwesend ist und dadurch das Gelingen nicht fördern, das Nichtgelingen nicht verhindern kann. Neid und Eifersucht tragen bei zum Nichtgelingen des Lebens.

Vom Verrat meine ich, dass es trotz allem ein »glückbringender Verrat« war. Es sieht zwar so aus, wie wenn er durch den Stoß ins größte Elend, den er bewirkt, das Nichtgelingen besiegeln würde, aber gerade dadurch ist eine Wandlung möglich. Bei Märchenheldinnen und Märchenhelden, die zu sehr im Alten verharren, die sich nicht wandeln wollen, finden wir immer einen Verrat. Das können wir gut auf unser Leben übertragen: Eigentlich verraten wir uns ja selber, wenn wir uns nicht entwickeln. Wir lassen uns im Stich, und möglicherweise gibt uns dieser »glückbringende Verrat« dann von außen den notwendigen (An-)Stoß.

Und was befreit hier zum gelingenden Leben? Meines Erachtens ist wesentlich, dass die Heldin die bodenlose Enttäuschung akzeptiert, dass sie sie nicht mehr verdrängt. Ganz nüchtern nimmt sie wahr, was zuvor an verborgener Emotion da war, sie sieht die Situation glasklar und entscheidet sich für eine Veränderung. Veränderung im Märchen, Wandlung, beginnt immer damit, dass Einsamkeit und Orientierungslosigkeit ausgehalten werden müssen. Wir wollen uns im Grunde genommen immer auf unserem Lebensweg orientieren, wollen immer wissen, wie es weitergeht. Im Märchen orientiert das Leben sich dann selber, im Sinne einer Selbstregulierung. Und was im Märchen dem Helden oder der Heldin jeweils von hilfreichen Tieren und weisen Alten gegeben wird, das nimmt er oder sie auch an.

Was in diesem Märchen zum gelingenden Leben befreit, ist: Die Frau ist von der Liebe zu etwas ergriffen, und sie will das Liebste auch in einer aussichtslosen Situation nicht loslassen. Da ist eben in aller Verzweiflung, in allem Scheitern nicht alles gleich-gültig im Leben, da sind gewisse Dinge wichtiger als andere. Nun kann man sich glücklicherweise von Kindern sehr leicht »ergreifen« lassen, die geben uns ja wirklich das Gefühl, dass sie uns brauchen und menschlich kostbar sind.

Und welche Rolle spielt das Vertrauen bei der Befreiung zum gelingenden Leben? Wir haben zunächst das Gefühl, dass nicht viel Vertrauen ins Leben vorhanden ist, höchstens vielleicht eine gewisse Naivität. Es gibt aber auch eine andere Form von Vertrauen als das in die Wiege gelegte »Urvertrauen«: Den Weg durch den Wald, den das Mädchen ohne Hände gehen muss, haben wir als ein Dahinvegetieren verstanden, irgendetwas hält das Mädchen am Leben. Sicher können wir dabei nicht von einem bewussten Vertrauen sprechen. Und dennoch meine ich, dass so etwas wie ein Grundvertrauen sichtbar wird, ein Grundvertrauen, das auch die Menschen kennen, die von sich meinen, sie hätten eigentlich kein Vertrauen ins Leben, und die dennoch spüren, dass sie doch nicht aus dem Leben fallen, auch nicht in extrem schwierigen Situationen. In diesem Märchen spielt der Brunnen eine besondere Rolle. In ihm droht die Frau das Liebste und Einzige, was ihr geblieben ist, zunächst auch noch zu verlieren. Gerade dadurch kann aber das heilende Wasser wirksam werden. Dieses Märchen sagt in keiner Weise, dass man Vertrauen haben muss, sozusagen als Vorbedingung für ein gelingendes Leben, sondern es sagt, dass auch dann, wenn man schon längst meint, keines mehr zu haben, trotzdem noch so etwas wie Vertrauen existiert und dass dieses die Not wendet.

Anmerkungen

1 Die Gänsemagd. In: Brüder Grimm: Kinder- und Hausmärchen. Bd I. Herausgegeben und mit Nachwort versehen von C. Helbling. Manesse, Zürich 1946, S. 583–592.
2 Vgl. Schliephacke, B. P.: Märchen. Seele und Sinnbild. Aschendorff, Münster 1974, S. 111.
3 Zitiert in: Ninck, M.: Wodan und germanischer Schicksalsglaube. Wissenschaftliche Buchgesellschaft, Darmstadt 1967, S. 93.
4 Das Erdkühlein. In: Deutsche Märchen vor Grimm. Hg. von A. Wesselski. Illustriert von F. Kredel. Rohrer, Brünn/Leipzig 1938, S. 1–10.
5 Rothaarig-Grünäugig. In: Kurdische Märchen. Gesammelt von L.-C. Wentzel. Diederichs, Düsseldorf/Köln 1978.
6 Vgl. Petzold E. / Achim R.: Klinische Psychosomatik. UTB 991. Quelle und Meyer, Heidelberg 1980, S. 158 ff.
7 Graumantel. In: Deutsche Volksmärchen. Neue Folge. Hg. von E. Moser-Rath. Diederichs, Düsseldorf/Köln.
8 Bolte, J. / Polívka, G.: Anmerkungen zu den Kinder- und Hausmärchen der Brüder Grimm. Olms, Hildesheim 1963.
9 Das singende springende Löweneckerchen. In: Brüder Grimm: Kinder- und Hausmärchen. Bd I. Herausgegeben und mit Nachwort versehen von C. Helbling. Manesse, Zürich 1946, S. 574–583.
10 Allerleirauh. In: Brüder Grimm: Kinder- und Hausmärchen. Bd I. Herausgegeben und mit Nachwort versehen von C. Helbling. Manesse, Zürich 1946, S. 472–479.
11 Vgl. Scherf, W.: Lexikon der Zaubermärchen. Kröner, Stuttgart 1982.
12 Vgl. Perrault, Ch.: Eselshaut. In: ders.: Märchen aus alter Zeit. Melzer, Buchschlag 1976, nach dem Original von 1694.
13 Vgl. Scherf: Lexikon der Zaubermärchen, Kröner, Stuttgart 1982, S. 5.
14 Schweinehaut. In: Afanasjew, A. N.: Russische Volksmärchen. Winkler, München 1985, S. 669–672.
15 Vgl. Kast, Verena: Loslassen und sich selber finden. Die Ablösung von den Kindern. Herder spektrum, Freiburg im Breisgau u. a., S. 71 ff.
16 Vgl. dies.: Die Dynamik der Symbole. Grundlagen der Jung'schen Psychotherapie. 2. Aufl. der Neuausgabe. Patmos, Ostfildern 2019, S. 44 ff.
17 Vgl. Riedel, I.: Wenn Mütter und Töchter einander suchen. Demeters Trauer und Persephones Wiederkehr. Erw., überarb. und neu gestaltete Ausg. Kreuz, Stuttgart 2003.
18 Vgl. Kast, V.: Paare. Wie Beziehungsphantasien unsere Liebe prägen. Neuausgabe. Patmos, Ostfildern 2019, S. 20 ff.

19 Vgl. dies.: Freude, Inspiration, Hoffnung. 6. Aufl. Patmos, Ostfildern 2013.
20 Das Mädchen ohne Hände. In: Deutsche Volksmärchen. Märchen der Weltliteratur. Diederichs, Düsseldorf/Köln 1966.
21 Vgl. Bolte/Polívka: Anmerkungen zu den Kinder- und Hausmärchen der Brüder Grimm, S. 295 ff.
22 Vgl. Kast, V.: Vater-Töchter Mutter-Söhne. Wege zur eigenen Identität aus Vater- und Mutterkomplexen. Kreuz, Stuttgart 1994.
23 Vgl. ebd., S. 196 ff.
24 Vgl. The Motherhood Constellation. Vortrag gehalten auf dem Kongress »Affektive Kommunikation«, ETH Zürich. BUK-Audio-Planung, Müllheim 1977.
25 Genovefa. In: Enzyklopädie des Märchens. Handwörterbuch zur historischen und vergleichenden Erzählforschung. Bd. 5. Hg. von K. Ranke. de Gruyter, Berlin 1985.